くわっ
三カ月前 渋谷製菓 会議室
渋谷製菓 二代目社長
目黒《めぐろ》 浩介《こうすけ》(65)
なんだ この数字は!?
いったい どんな営業を しているんだ!!
黙ってないで 何とか言ったら どうなんだ
こ… こわい…
少子化で 菓子業界はどこも 苦しいのは社長も ご存じでしょう
オリンピック特需も 終わったんです
はぁ
みんな必死に 営業してますよ
ヒット商品も ないのによく 頑張っているほう じゃないですか
ぐぬぬ
頑張っている からって許される 数字じゃないだろう
いくらなんでも ひど過ぎる

ぼそ…
こ…今月はたまたまですよ
来月は必ず数字も戻ってきますから…
また「たまたま」か!!
たしかに…
課長 先月も同じことを…
スチャ
景気が悪いとかたまたまだとか
ざわ…
そんな言い訳ができないように
営業を「見える化」するぞ!!
こうして渋谷製菓の「見える化」プロジェクトが始まったのですが…

Business ComicSeries

まんがでできる 営業の見える化

長尾一洋 著
久米礼華 まんが

あさ出版

〈渋谷製菓の社員〉

安田只次郎（48）
（やすだ・ただじろう）
営業課長。大阪営業所勤務。
通称「風船おじさん」。

目黒浩介（65）
（めぐろ・こうすけ）
二代目社長。

大久保泰造（48）
（おおくぼ・たいぞう）
営業部長。

神田政夫（40）
（かんだ・まさお）
営業課長。

大崎　保（28）
（おおさき・たもつ）
営業。千歳の同期。

上野麻里（25）
（うえの・まり）
営業。千歳の後輩。

秋葉聡子（37）
（あきば・さとこ）
商品企画。

〈新宿製菓の社員〉

大福幸子（52）
（だいふく・さちこ）
「新宿製菓」の営業部長。
通称「フーセンレディ」

おもな登場人物

久津木千歳（28）
（くつき・ちとせ）
「渋谷製菓」の営業女子。
あだ名は「クッキー」。

品川龍馬（31）
（しながわ・りょうま）
千歳の大学の先輩で、
初恋の相手。商社勤務。

マイケル吉岡（44）
（よしおか）
千歳の通うテニス教室の先生。
世界的テニスプレイヤー
海堀圭一を育てた。

参考文献

『営業の見える化』
（KADOKAWA）長尾一洋

スタッフ

まんが・久米礼華
作画協力・日本マンガ塾

第1話

営業は
ブラックボックス？

～なぜ、営業の行動を監視してしまうのか？～

業績が低迷する渋谷製菓。
売上の上がらない営業部にメスを入れるべく、
社長が決行したのは、「営業の見える化」だった——。

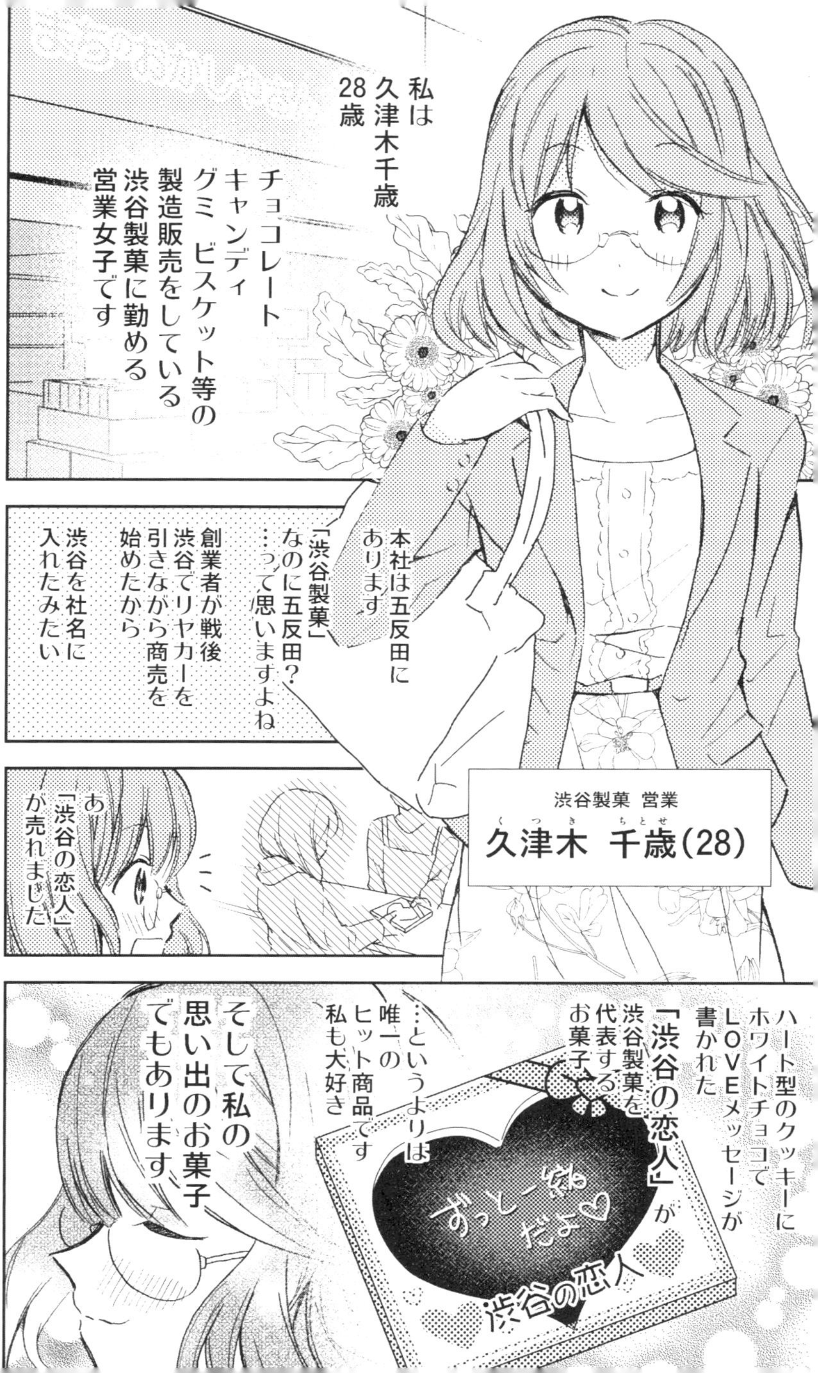
私は
久津木千歳
28歳
チョコレート
キャンディ
グミ ビスケット等の
製造販売をしている
渋谷製菓に勤める
営業女子です
渋谷製菓 営業
久津木《くつき》 千歳《ちとせ》(28)
本社は五反田に
あります
「渋谷製菓」
なのに五反田？
…って思いますよね
創業者が戦後
渋谷でリヤカーを
引きながら商売を
始めたから
渋谷を社名に
入れたみたい
あ
「渋谷の恋人」
が売れました
ハート型のクッキーに
ホワイトチョコで
LOVEメッセージが
書かれた
「渋谷の恋人」が
渋谷製菓を
代表する
お菓子
…というよりは
唯一の
ヒット商品です
私も大好き
そして私の
思い出のお菓子
でもあります
ずっと一緒だよ♡
渋谷の恋人

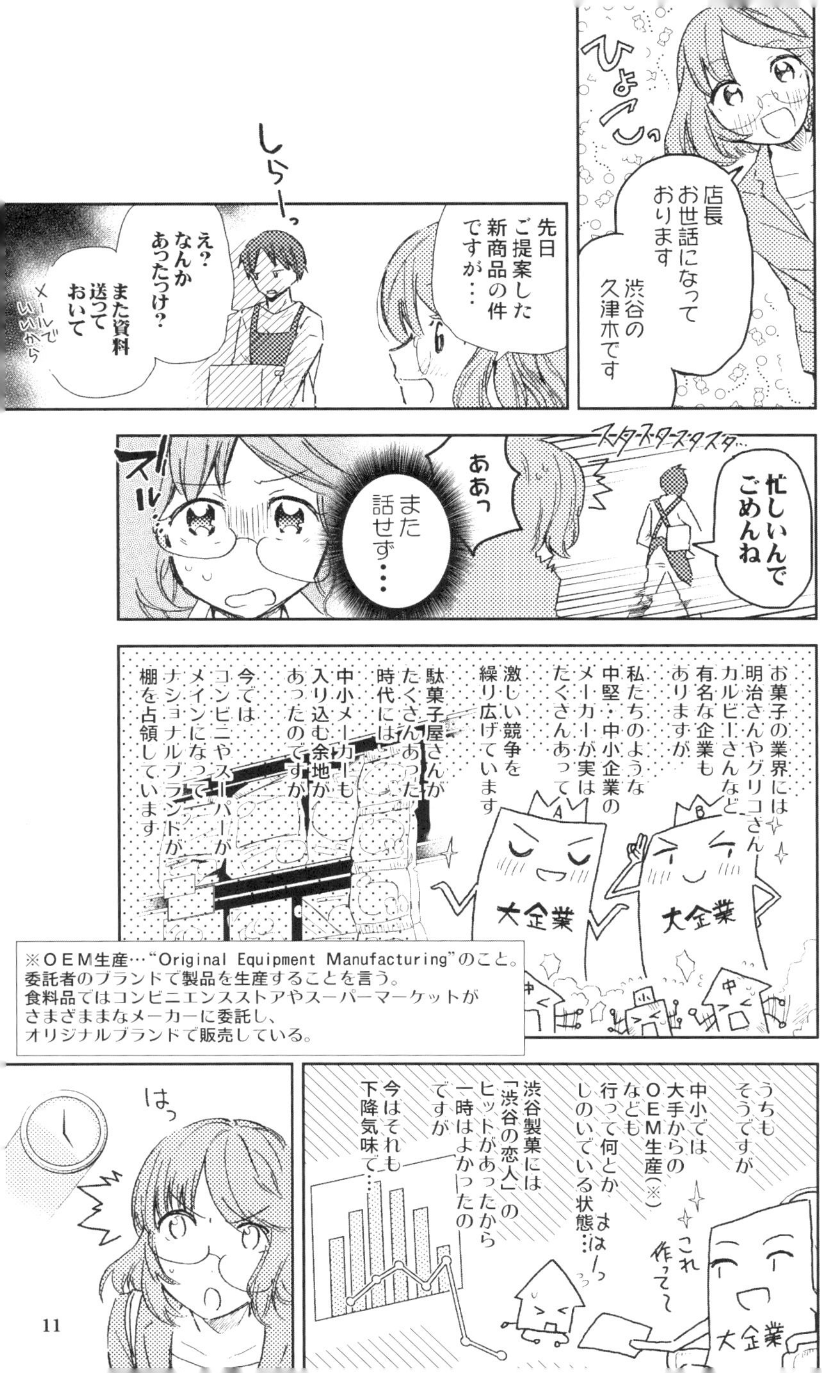

※ＯＥＭ生産…“Original Equipment Manufacturing”のこと。
委託者のブランドで製品を生産することを言う。
食料品ではコンビニエンスストアやスーパーマーケットが
さまざまなメーカーに委託し、
オリジナルブランドで販売している。

たたっ
こんな話をしているヒマはありませんでした！次に行かなきゃ！
営業の見える化で日報を書かないといけなくて…
私のことはクッキーと呼んでください
くるっ
名前も久津木でお菓子ばっかり食べていたので小学生の頃からそう呼ばれてます
なんだこの日報は
こんなことまで毎日書けないぞ！
渋谷製菓
営業は遊んでるんじゃないんだ！忙しいんだよ！
だいたいなんで管理課が余計な口出しをしてくるんだ？
営業部長
大久保《おおくぼ》 泰造《たいぞう》(48)
社長からのご指示です
文句があるなら社長にどうぞ
ニコッ
管理課長
日暮《ひぐれ》 里美《さとみ》(35)
ちっくそ！
こんなことするヒマがあるなら新商品の一つでも作ってくれよ！
ガチャ
商品の不平不満は商品企画へ
…くそっ

おい神田課長
これが新しい日報のフォーマットだそうだ
みんなに指示して提出するように言ってくれ
前にも日報書いていたけど意味がなかったじゃないですか
営業課長
神田政夫《かんだまさお》(40)
うわ! この日報細かいですね…
行動管理の強化ですか?
気分悪いですね〜
ゲ!
社長さまのご指示だ 適当にやっておけ
俺は日報なんか見たくない!
クッキー あの日報って面倒くさいね〜
千歳の同期
大崎《おおさき》 保《たもつ》(28)
ね
商談内容を報告するのはいいんだけど
営業車の走行距離とか見るのを忘れて降りちゃうから
車に戻ったりすることもあるわ
ですよね〜
あれって管理課で集計してグラフとかにするらしいですよ
「見える化」だそうです…
千歳の後輩
上野《うえの》 麻里《まり》(25)

見える化ってそういうことなの？
頑張ってる営業は走行距離が長い
サボっている営業は走行距離が短い
…だそうです
え？
たしかにあと一件回ろうって動けば走行距離が伸びることもあるだろうけど
それって非効率な営業をしたら走行距離が伸びて評価されるってことじゃないの？
あはは
営業の見える化ってなに？
ギロッ
いつまでも休憩してないで早く営業に出ないか!!
すみませ～ん!!!
はぁ…
はぁ
イラ
イラ
まったく…うちの営業はたるんどる

営業部の日報なんだが
提出しない者もいるし
見ているとただ御用聞きをしているばかりで
ギク
やっぱり営業活動に問題があるんじゃないか？
社長のおっしゃる通りです
いつも指導はしているのですが言ってもなかなか変わらないのです
あたふた
以前はみんな頑張っているって言ってたじゃないか
いえ部全体としては頑張っているということでなかには手を抜くような人間もいるということです!!
見える化でよくわかりました！
なぁ神田課長？
そ…そうです厳しく指導しているのですが…
神田課長
そういう君自身が日報を出していないじゃないか!!
ダメじゃないか神田君!!

社長 すみません!神田課長も部下のお守りで忙しくてなかなか日報まで手が回らないのです
なぁ神田課長?
すすみません…
とにかくこのままでは業績も厳しい!営業の強化が急務なんだ!
はい…
しっかりやってくれ!
部長ひどいじゃないですか私を悪者にして
部長も「こんな日報やってられるか」って…!!
社長の前ではああ言っておけばいいんだよ
おまえのフォローもしておいただろう
社長は営業の現場のことなんかわかっちゃいない
以前は日報を書いてるヒマがあったら営業に回れと言って廃止にした
今度はまた思いつきでやれと言っている
はぁ…
気まぐれなんだ適当にごまかしておけばいいんだよ
でも私を悪者にしないでくださいよ
あはは気にすんな
よし!気分悪いから飲みに行くぞ
お供します

カタ
カタ
日報って ちょっと 面倒くさいけど 一日の 振り返りが できるし
なんだか 日記を書いている みたいで嫌いじゃ ないんだよね
同じ商談でも 意味があったなと 思えるものと
ただ雑談しただけで 終わったような 商談がある
はぁ…
それが同じ一件で カウントされて 多いとか少ないとか 言われるのが ちょっとね…
おクッキー 日報書いてる んだね
俺 今日は サボっちゃおう かな〜
もうっ
「今日も」 でしょ
この間も課長に 怒られてたのに
すとん
だって こんなの書いても 何の意味もないだろ? ただ書くだけでさ
だいたいちゃんと 読んでるのかなぁ
書いたものを 見てくれている のかどうかは たしかに わからないね
コメントを くれることも ないし…

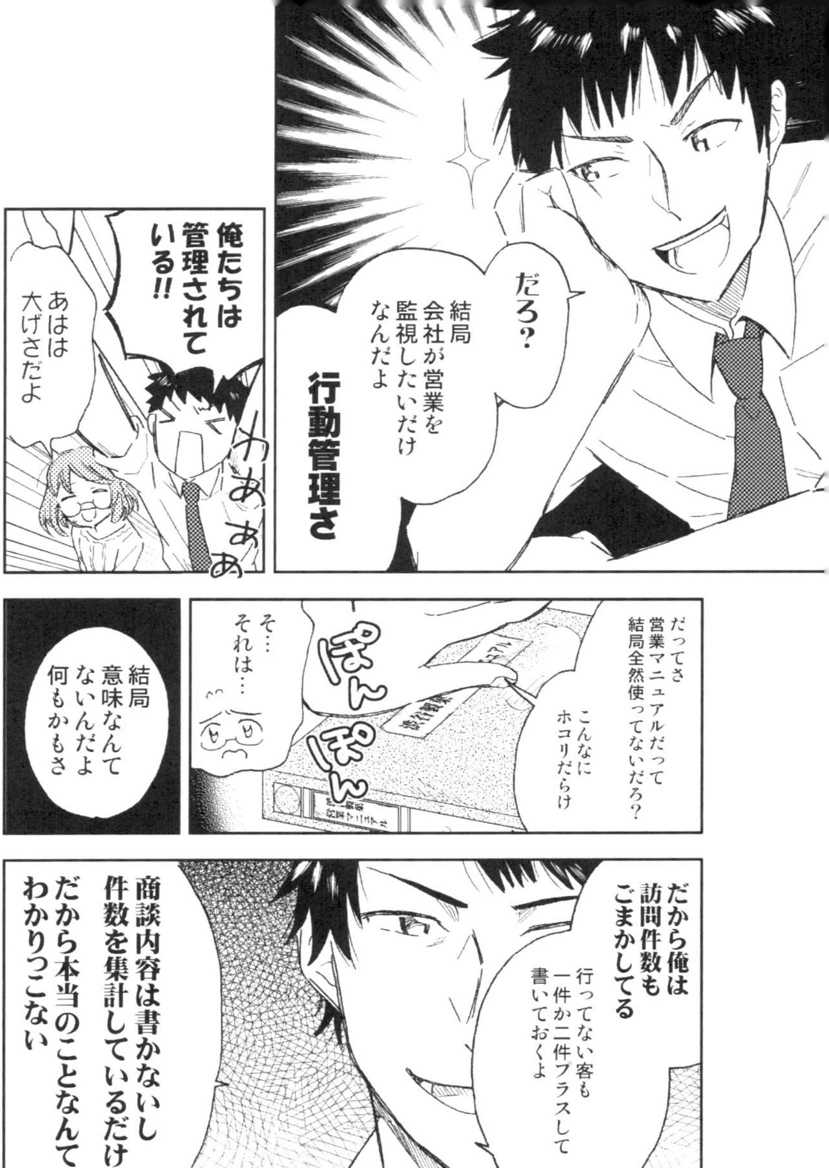
だろ?
結局会社が営業を監視したいだけなんだよ
行動管理さ
俺たちは管理されている!!
あはは大げさだよ
わあああ
だってさ営業マニュアルだって結局全然使ってないだろ?
こんなにホコリだらけ
ぽんぽん
そ…それは…
結局意味なんてないんだよ何もかもさ
だから俺は訪問件数もごまかしてる
行ってない客も一件か二件プラスして書いておくよ
商談内容は書かないし件数を集計しているだけだから本当のことなんてわかりっこない

ムッ…
は～
バカバカしい
でも
嘘書いちゃダメじゃん
商談内容は
お客さまとの
やりとりの記録
なんだから
ふっ
はいはい
よし
書けた
ターンッ
じゃ～
お先に
すっ
何だよ
俺を置いて
帰るのかよ
冷たいな～
てへ
ごめんねぇ～
今日は
テニスの日
なのよ～
て
テニスって…

翌日……
浜松君どうも出社拒否みたいです
え？
浜松君って今年入った新人の？
そうなんです
商品企画に配属された同期の子が連絡しているらしいんですけどレスがないみたいで…
電話してみたの？
それが出ないんです…
なになに？仕事のストレス？
まだ大して仕事もしてないってのに
それが…社内の雰囲気がピリピリしているってこぼしていたみたいです…
浜松が出てこなくなったって？

何やってんだ あいつは
だいたい最初から弱っちい感じだったよな
昨日も休んでたし
そうですねぇ 最近の若者は困ったものです
あんたらがそういうことばっかり言うから…
ぼそ…
ん？ 何か言ったかね？
いえ…
だいたい上野！ 君は浜松の先輩だろう？
普段から何かケアとかできなかったのかね！
びし
ええっ 私ですか？
普段は普通に会話していたんですが…
まぁ若い時にはいろいろあるからな 様子を見よう
あいつが担当していた客を確認しておくように
は――――い
…はい すみません 本人が休んでおりまして…

は…はい！
申し訳ございません…
すぐ確認をして
折り返しご連絡させて
いただきます！
どうしたんだ？
何かクレームか
浜松君が担当していた
ダイオースーパーが
明日から開催する
お菓子フェアに
渋谷製菓だけ
納品がないんだけど
どうなっているのか？
って…
浜松君の携帯にも
直接かけられた
みたいなんですが
応答がなかった
ようでして…
なにぃ？
かなり大規模な
催事のようで
他社は前日搬入で
売り場を作っているのに
渋谷だけ来ないと…
これ…ヤバそうです…
商品構成などは各社に
任されていたみたいで…
渋谷製菓はどうする
つもりなのかとご立腹でした
どんな
フェア？
浜松君には
何度も説明して
いるんだから
お宅のほうで
準備しているんだろうと…

こういう時のために日報があるんじゃ…浜松君の日報には何と？
え？ あぁ そうだな どうだったか…
カチ コチ…
えぇ～っと浜松君の日報は…
カチャ…
これ検索すればいいのかな…
部長 大丈夫ですか？
いつも日報を読まれているのでは…
ビクゥ
い！ いや 見てるよ!?
ああ あった！
だけど浜松のやつ毎日ちゃんと書いてないな…
○月○日　日報
ダイオーさん
お菓子フェアの打ち合わせをした。
ダイオーさんの商談はこれしか書いてない…
やっぱり日報は意味がなかったですね
うるさい 今それどころじゃないんだ
よし 課長！
すぐにダイオーさんの本店に行って商品搬入の打ち合わせをしてきてくれ！
明日の開店までに間に合わせるしかない！

えっ
上野さん 君 浜松君に仕掛りの仕事がないか確認するように言われてなかった？
君が行ったらどう？
いいから課長が行け 役職者が行かないと先方も納得せんだろう
はあああ…
じゃあ部長が行ったほうが…
やっぱり日報ってちゃんと書いたほうがいいのかも…
その日は何とか夜中までかかってフェアの準備を間に合わせ
お菓子フェアは乗り切ったのですが…
この件もあって浜松君は余計気まずくなったのでしょうか
結局退社することに…
辞表
それから一カ月後
社長 すみません
営業の見える化ということで取り組んだ日報がうまく運用できず…
ははは たしかにな！
出したり出さなかったりだな
出てきた日報にもロクなことが書いてない

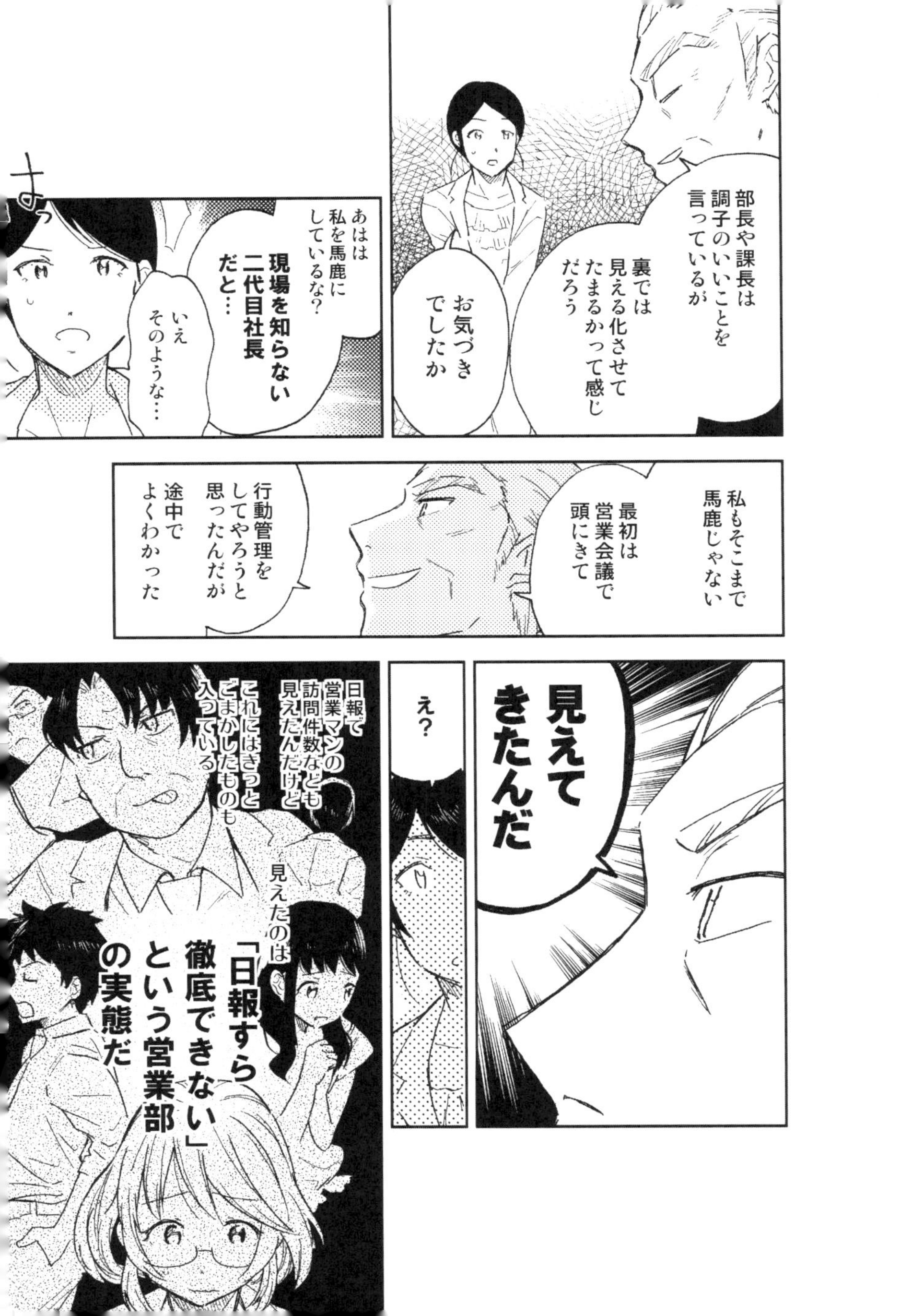
部長や課長は調子のいいことを言っているが
裏では見える化させてたまるかって感じだろう
お気づきでしたか
あはは私を馬鹿にしているな？
現場を知らない二代目社長だと…
いえそのような…
私もそこまで馬鹿じゃない
最初は営業会議で頭にきて
行動管理をしてやろうと思ったんだが
途中でよくわかった
見えてきたんだ
え？
日報で営業マンの訪問件数なども見えたんだけど
これにはきっとごまかしたものも入っている
見えたのは
「日報すら徹底できない」という営業部の実態だ

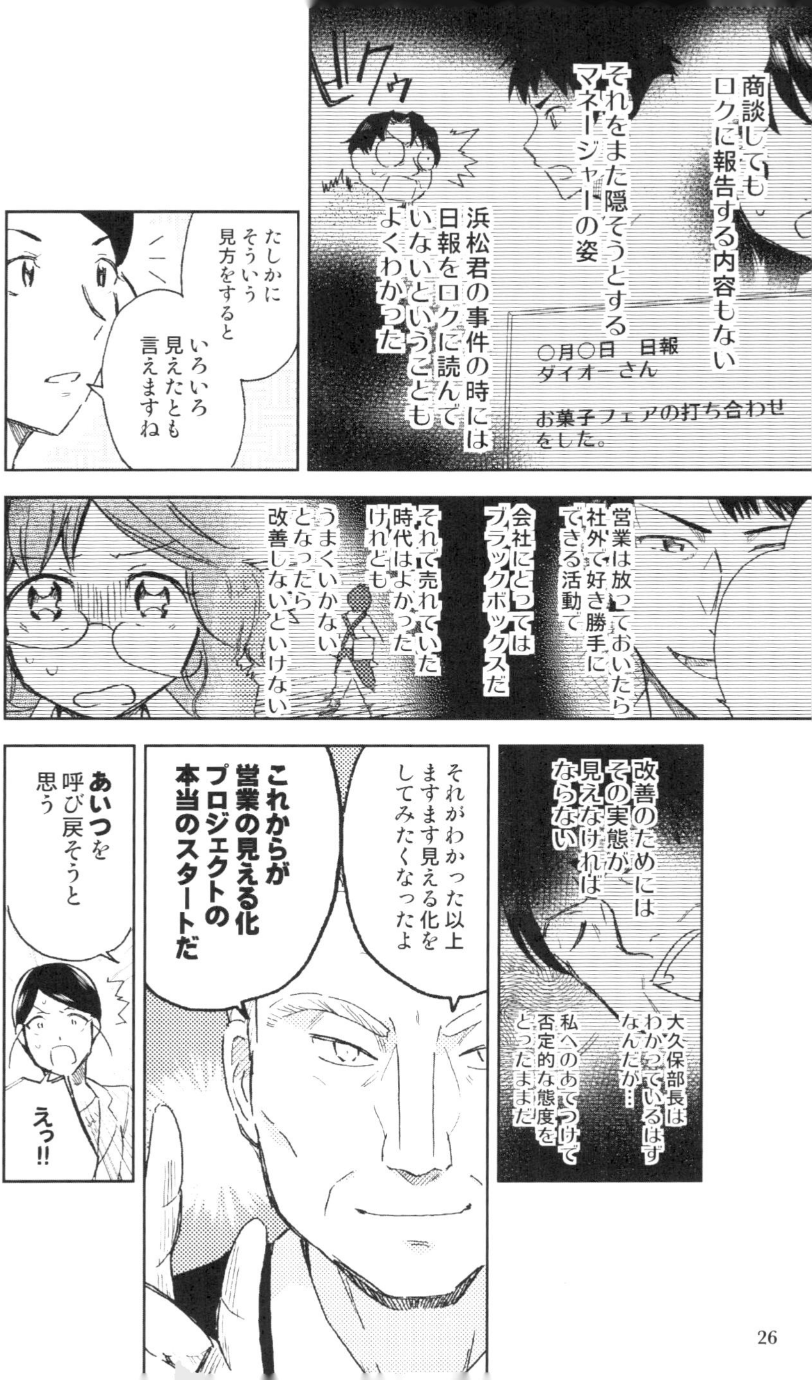
ビクゥ
商談しても
ロクに報告する内容もない
それをまた隠そうとする
マネージャーの姿
○月○日　日報
ダイオーさん
お菓子フェアの打ち合わせ
をした。
浜松君の事件の時には
日報をロクに読んで
いないということも
よくわかった
たしかに
そういう
見方をすると
いろいろ
見えたとも
言えますね
営業は放っておいたら
社外で好き勝手に
できる活動で
会社にとっては
ブラックボックスだ
それで売れていた
時代はよかった
けれども
うまくいかない
となったら
改善しないといけない
改善のためには
その実態が
見えなければ
ならない
大久保部長は
わかっているはず
なんだが…
私へのあてつけで
否定的な態度を
とったままだ
それがわかった以上
ますます見える化を
してみたくなったよ
これからが
営業の見える化
プロジェクトの
本当のスタートだ
あいつを
呼び戻そうと
思う
えっ!!

その頃千歳は・・・
品川駅構内
スイーツ見てたら時間が～～～～!!!
だーーっ
相変わらずバタバタしているんだなクッキーは
えっ
りょ…
龍馬先輩!?
よっ
久しぶり
千歳の大学時代の先輩
品川《しながわ》 龍馬《りょうま》(31)
あ…お久しぶりです見てたんですか?
あぁなんか焦ってる人がいるな～と思ったらクッキーだったよ
早くく声かけてくださいよ～
あっ新宿に行かなきゃ…
山手線来たよ
ああああぁ龍馬先輩ではまた失礼します…!!
だーっ

俺も
恵比寿に行くから
一緒に乗るよ
な
何だ…
そうですか。
大学時代の
あこがれの先輩
品川龍馬さん
との再会が
なぜか品川
しかも…
この龍馬先輩が
『渋谷の恋人』の
思い出の人…

第1話のおさらい

行動管理で「見える化」はできない

「見える化すること」と「営業マンを見張ること」は根本的に異なる

◆給料分働いているかを、監視したくなる

営業の見える化というと、すぐに営業マン（人）の見える化を想像してしまう人がいます。

営業マンは客先に行くのが仕事であり、基本的にその活動は上司や同僚から見えなくなってしまいます。

そのため、「見える化したい！」というニーズが高いのです。

要するに「サボっていないかどうか」が気になるわけです。

それはなぜか？

営業マンに固定給を支払っているからです。業績に連動する歩合部分が多少あっても、固定部分の給与を払っていれば、どうしても「給与分、働いているのか？」「同じ給料で何件回ったのか？」が気になります。

◆行動管理してしまうと、ますます見えなくなる

セールスレップと呼ばれるフル・コミッションの営業マンが多い米国では、日報もありません。

売れた分だけ報酬を払うわけですから、単に何件訪問したか、何本電話をかけたのか、何時から何時まで何をしていたのかはどうでもよく、見込先の情報だけがあればいいわけです。

日本でもフル・コミッションの形式をとる営業では日報はほとんど書かれていませんが、それでも固定給部分を支払うことが少なくありません。

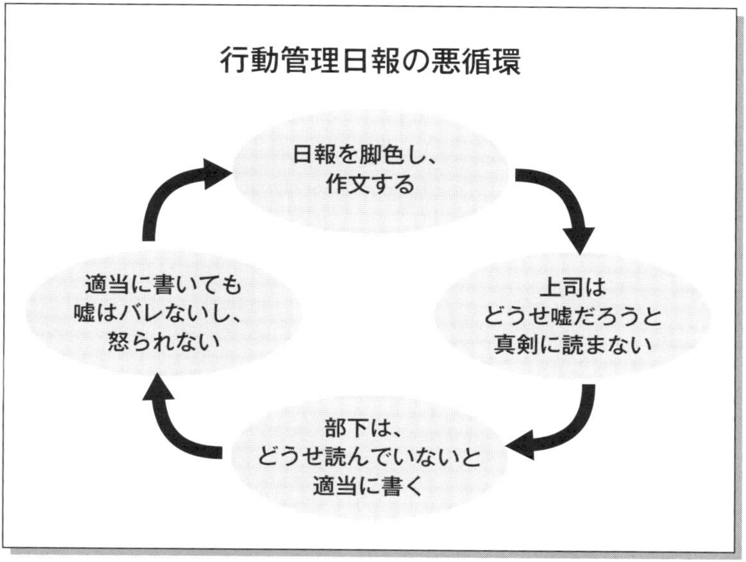
行動管理日報の悪循環
日報を脚色し、
作文する
上司は
どうせ嘘だろうと
真剣に読まない
部下は、
どうせ読んでいないと
適当に書く
適当に書いても
嘘はバレないし、
怒られない

そのため、日報を行動管理に使っていることが多く、「営業の見える化」＝「営業マンの行動の見える化」と考えてしまうのです。

問題は、まんがにもあったように、行動管理を目的として日報を書かせても、都合の悪いことは書かず、ごまかすようになるということ。これを「行動管理日報の悪循環」（上図）と呼びます。

これでは日報が形骸《けいがい》化《か》してしまい、営業の見える化も進みません。

営業マンの行動管理をするだけでは、継続的に業績を伸ばすことはできないということを、忘れないようにしましょう。

第2話

営業の見える化プロジェクト、本格始動！

〜標準プロセスを書き出してみる〜

営業の見える化プロジェクトを立ち上げたものの、
うまく回らない営業部。
見かねた社長は、ついに「あの男」を呼び出す——。

せっかく会えたのに話もできずにお別れかと思っていたら
まさか龍馬先輩と同じ電車に乗れるなんて…
ははは元気そうだね営業の仕事？
そうなんですお菓子メーカーの営業をしています
へぇお菓子好きだったもんね～
えへへ…そ それが…
あの『渋谷の恋人』の会社なんです
ドキ
おお!!
あのクッキーとチョコの!!
俺も好き～!!
あれおいしいよな～
あ…ありがとうございます
やっぱり覚えてないか…

龍馬先輩は たしか 光井商事？
そうなんだ マレーシアに 赴任してたん だけど
去年日本に 戻ってきた
うわー さすが商社マン！ 国際派ですね〜
今は本社に戻って 社内の営業改革を 担当している
え？ 総合商社でも 営業改革とか あるんですね
そりゃそうさ 商社だからね 営業が基本 みたいなもんだ
営業とは 言えないような 大きなプロジェクトも あるけど
小額な商品を扱う 部門もあるしね
そうなん ですね… じゃあ…
営業の 見える化 とか？
おっ クッキー 詳しいね
営業の見える化も 当然進めているよ
今ちょうど 私の会社でも 営業の見える化って 社長が言い出して…
やった 共通の話題 みっけ〜!!

恵比寿～
恵比寿～
ごめん！
また話そう
あぁ
はい…
名刺渡しとくね
いつでも連絡くれ
じゃ！
プシュ
バタン
あっ…!!
はぁ…
名刺渡しそびれちゃったなあ…
でも名刺をくれたってことはもしかして脈アリ…？
新宿はデパートの激戦区
何とか食い込みたいけど渋谷製菓は催事のつかみ取りなどでキャンディやチョコを納品する程度…
ここは渋谷じゃないんでねと言われてしまうし
これが一番の競合
ハイジチョコで有名な**新宿製菓**の本社ビル
Shinjuku
うちのビルよりかなり立派です…
そして…

創業は同じように戦後すぐで
うちは渋谷 こちらは新宿と ずっとライバル関係だったのですが
今では大きな差が…
BITTER chocolate
Pure White
HEIDI
DANDY COFFEE
ハイシチョコは私も好きなんですけどね
カタカタ…
カタ…
カタ…
はっ
品川駅で龍馬先輩と運命の再会♥ 相変わらずかっこよかった～！
バックスペース
バックスペース
バックスペース
ふぅ…
新宿のデパート攻略は今日も成果なし…か…
尾田急デパートと啓王デパートは駅から近いしお菓子も結構売れている
でもちょっと年齢層が高めになってきているのかも
ということは片島屋百貨店と同じ提案ではダメということか
でも高齢化は今に始まったことじゃない
どうしたの？クッキー
考え込んじゃって

同じデパートでもお店によって雰囲気というか感じが違うな〜と思って…
そんなの当たり前じゃん
そうなんだけどさ
日報書きながら今日の活動を振り返って気になっちゃって
ふう〜
難しく考えてないで訪問した先を書いておけばいいんだよ
俺なんかもうとっくに書いたよ
日報を書いてると私マンネリだな〜って感じるの
去年やっていたことを今年も同じようにやっている…
慣れてきて上手にはなっているけど
去年と今年がそんなに違うわけじゃない…
千歳先輩考えすぎはお肌に悪いですよ
何よう
私はまだ経験が浅いせいか新しい発見もありますけど…
それでも日報を書いているとたしかにマンネリだなって感じることもありますもん
何だよ上野まで
それじゃ俺が何も考えずにのんきに生きてるみたいじゃないか

ね
っ…
え？そうじゃないんですか？
いや…まぁそうなんだけどさ…
君たちぃ～
こんな遅くまで残っていないで早く帰りなさいよ～～～～～～？
え？あ…はあ…そうします…
ドス
ドス
ふぉ～っふぉっふぉ
えっマジかよ…
帰ってきたんだ…
えっ!?誰ですかあの人!?
お前知らないのかよ!?
サクッ
お菓子を売るために生まれてきた人だよ

翌日
渋谷製菓
朝礼
みんな
おはよう
今日は
珍しい人が
いるだろう
急きょ
安田課長を
本社に戻すこと
にした
ふおっ
ふぉ〜〜
営業課長
安田只次郎《やすだただじろう》(48)
通称「風船おじさん」
風船おじさんの
ご帰還だな
九州あたりで
遊んでいるんじゃ
ないかって噂
だったけど
今
わが社だけでなく
製菓業界は
少子化による
マーケット縮小と
原料の価格高騰で
とても厳しい
状況にある
だが
それを言い訳にして
現状のままでいる
わけにはいかない

とくに重要なのがこうした環境でも売っていく営業力だ
ここ何カ月か営業の見える化ということで取り組んできたのだが
思うように進んでいない
そこで改めて営業の見える化プロジェクトをスタートさせようと思う
その責任者として安田課長を呼び戻したんだ
ふぉっふぉっ
過去のいきさつを知っている人は私との関係を心配するかもしれないが大丈夫だ
昨夜遅くまで話をして和解した
だが…
人が話している時にお菓子を食べるのを止めろというのは聞いてもらえなかった
むしゃ
むしゃ
ふぉっふぉ ふぉ〜〜〜
では営業の見える化プロジェクトのメンバーを発表するぞ

どどーーーーーん…
営業の見える化プロジェクト
……
……
ゆらゆら
ふぉっふぉっ
安田さん責任者なんでしょしっかり頼みますよ
よっこらしょ
私はただお菓子が好きなだけの変なおじさんですからね
みなさんが頑張って進めてください
社長から頼まれたのでイヤとは言えないからね
まぁアドバイスくらいはするよ
ぺかーっ
じゃあ神田課長が実質リーダーということですか？
はぁ？何で俺なんだよ

だいたい何で俺がこのメンバーに入れられないといけないんだ!?
お前らもおかしいと思うだろ?
うんうん
たしかに
うん
うん
そうあっさり認められても腹立つな…
神田課長は私が社長に頼んで入れてもらいました
社長からは若いメンバーで過去のしがらみをぶっ壊してくれと頼まれたんだけど
ベテランもいないと改革はできないからね
イラッ…
いい迷惑だ人を付け足しみたいに
俺は見える化なんて知りませんよ
私も知りません〜
ゴゴゴ
ゴゴゴ
大丈夫なのこのプロジェクト!?
チラッ
ビクッ

ギョッ
ニコ
クッキーがリーダーになればいいですよ
クッキー!?
何なのこの人馴れ馴れしい!!
そ…そんな急に言われても…
いいじゃないか!! 俺もそのほうがやりやすい
えっ!?
私も久津木さんで問題ありません
えええええええええええええ!?
ふぉっふぉっ それではクッキーリーダーとしてしっかり頼みますね
私はお飾りでいいですから
そ……そんなぁ〜〜〜!!
うーん 営業の見える化って言われても…
みんな私に押し付けて…

営業の見える化も当然進めているよ
名刺渡しとくね
光井商事
品川 龍馬
mail
tel
相談できる人は龍馬先輩くらいしかいない…
こそこそ
メールしてみようかな
光井商事
品川 龍馬
mail
tel
えいっ送信!!
メールを送信しました
あっ…
返事がこなかったらどうじよう…
立ち直れないかも…
翌日
先輩!
営業の見える化プロジェクト次の会議日程決まりました?

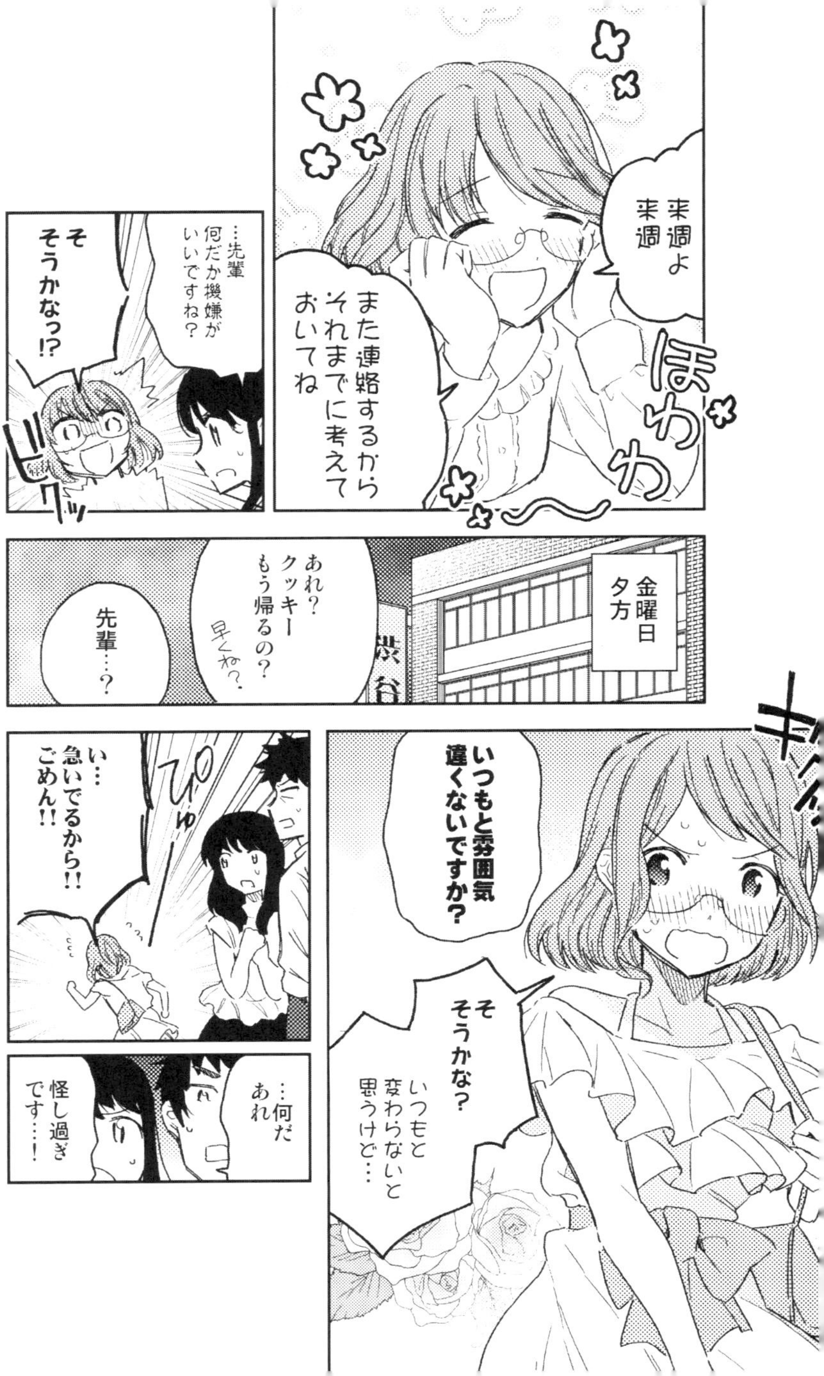
来週よ
来週
ほわわ～
またそれまでに考えておいてね連絡するから
…先輩
何だか機嫌がいいですね？
そ
そうかなっ!?
ビクッ
金曜日
夕方
渋谷
あれ？
クッキー
もう帰るの？
早くね？
先輩…？
いつもと雰囲気違くないですか？
そ
そうかな？
いつもと変わらないと思うけど…
い…急いでるから!!
ごめん!!
ぴゅ
…何だ
あれ
怪し過ぎです…！

丸の内地下
クッキーごめん待った？
いえ今来たところです
そっかそれでプロジェクトリーダーみたいになっちゃったと…
ぐっ
ぐっ
そうなんですでも何をどうしていいか見当もつかずそれで先輩に…
ははは なるほどね 営業の見える化って日報を書くだけじゃもちろんダメなんだ
やっぱり
何だか日記を書いているだけって気がして…
そうそう うちでもそうだったんだけど

ただ日報を書くように言うとその日の日記か感想文みたいになってしまう
あとは行動の羅列ね
もちろん何もないよりは何をしているかが見えると言えば見えるわけだけど
そもそも営業の見える化で何を見ようとするのかが重要なんだ
何を見ようとするか？
営業プロセスのどこがボトルネックになっていてそれを解消するにはどうすればいいのかということ
これが見えないといけない
あとは顧客のニーズだな
営業プロセス
何ですそれ？
それはね…
す…すみません私が相談したのにご馳走になって…
いやいいんだ

『渋谷の恋人』のお礼だよ
ずいぶん遅くなっちゃってごめんな
どきっ
えっ
せ 先輩… 何で…
そりゃ覚えているさ
じゃあまた
先輩…
覚えていてくれたんだ…
あれは先輩が卒業する年のバレンタインの日
私はまだ一年生で…
クッキーからです!
俺に?
自分で渡せないなんて私ってほんとダメだな…
今日こそは気持ちを伝えなきゃと思ったその日…
テニス同好会部室
先輩!実は私…
はっ

先輩が海外に
行ってしまった
ことを知ったのは
そのあと
でした…
よかった…
覚えてて
くれたんだ…
のろ
のろ
課長
一五分遅刻ですよ
ちゃんとして
ください
ふぉっ
ふぉっ
責任者は課長
なんですから
言えてる
もう
いいです…
始めましょう
トン

これからの進め方ですが
まず渋谷の営業プロセス…を洗い出していきたいと思います
プロセス？なんだそれは
標準的なみたいなものです
営業を見える化するためにはまず見るための尺度というか観点を決めないといけないと思うんです
ただ日報を書いてもその日の状況が書いてあるだけで
それがうまくいっているのかイマイチだったのかよくわからない
それが営業部全体になると
それこそ何がどうなっているのかわからない状態になってしまいます
営業部
それ誰かの受け売りですか？
アハハ
先週営業改革に取り組んだことがあるという人から営業の見える化についてちょっと教わってきまして…
おいおいそれは他社のやり方だろう
うちにはうちのやり方があるし営業の進め方も人それぞれ違うだろ

そこなんです
それぞれが
バラバラなやり方を
しているのに
ただ
件数を並べたり
グラフにしても
基準が
バラバラなので
意味がないんです
だから
まず基準を
作ります
標準プロセスと
呼びましょう
これを今日は
書き出して
いきたいと
思います
へぇ〜
面白そう
安田課長
よろしい
でしょうか?
いいと思うよ
では上野さん
ホワイトボードに
みんなの意見を
書き出していって
くれる?
わかりました
まず
営業活動に
取り組む
とした時に
一番最初に
することは
何でしょう
そうだな…
お客さんに
電話する!
電話
キュッ

私は
訪問計画を
立てます
これが
一番最初です
神田課長は
どうですか?
課長のやり方を
教えてください
ふふ
俺はな
顧客との
人間関係が
できているから
何もしない!!
何もしなくても
電話やメールが来て
あとはそれを
こなすだけ
ばーーーん!!!
それってただの
成り行き営業
ということでは?
何て書けば…
ふぉっふぉっ
話の前提が
いるね
既存客への
定期的な訪問と
新規開拓や
新商品の提案
それが
ごちゃごちゃに
なっているよう
だね
ちゃんと分けなきゃね~
そうでした…
すみません
まずは
既存客に新商品を
提案するという
プロセスに
絞りましょう
しーーーん

ふぉふぉっ どうしました？
いや 新商品なんて とにかく訪問先に サンプルを渡したり しているだけで 考えて動いて いなかったなと…
私もです… とにかく全件 持って行けって 言われますし
私も完璧に できている わけでは ないですが やはり見込みの ありそうなところの リストアップから 始めるかと…
ターゲッティング だな
どや
えっ課長 やってるん ですか？
いや だから やってないって
どっ
これだけの ことなのに それぞれ バラバラ なんですね… まず標準化すべき という意味が よくわかりました
一つひとつ 書き出して いきましょう
二時間経過…

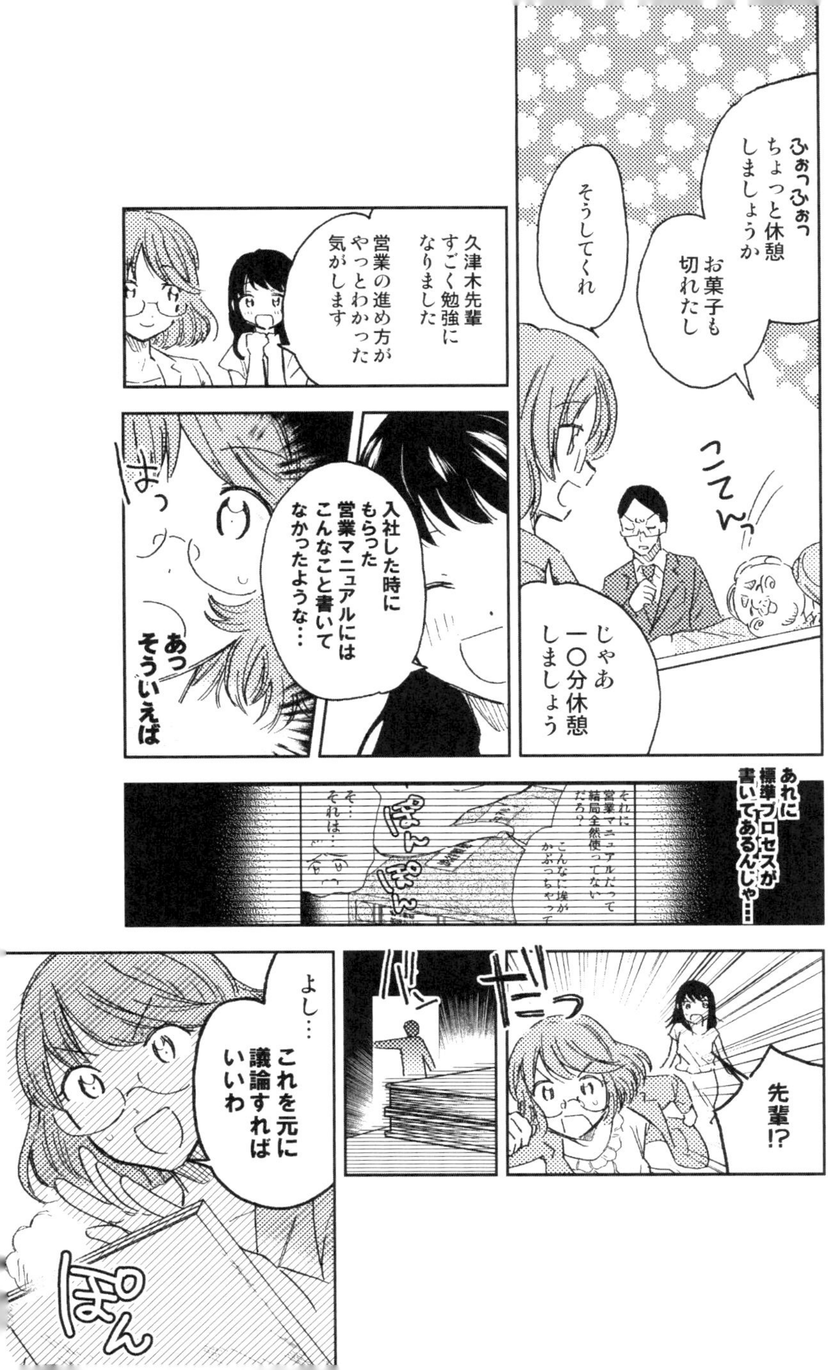
ふぉっふぉっ ちょっと休憩しましょうか
お菓子も切れたし
そうしてくれ
こてんっ
じゃあ 一〇分休憩しましょう
久津木先輩 すごく勉強になりました 営業の進め方がやっとわかった気がします
入社した時にもらった 営業マニュアルには こんなこと書いてなかったような…
ぱっ
あっ そういえば
あれに標準プロセスが書いてあるんじゃ…
それに営業マニュアルだって結局全然使ってないだろ?
こんなに埃がかぶっちゃって
そ… それは…
ぽんぽん
だっ
先輩!?
よし…
これを元に議論すればいいわ
ぽん

ばん!!
一〇分後──
これをベースにすると話が早いかと思い持ってきました
あーっそれは!!
あぁ～それね
一〇年以上前だったかなぁ
大久保部長が課長時代に作ったってヤツだな
たしか安田さんも一緒に作ったんじゃ?
正確には一二年前だね
あれからだいぶ変わった点も多いから参考にはならないかもしれないけど
業務の流れを洗い出すのには使えるかもしれませんね
俺このマニュアル見た記憶ない…
私もよくわからなくてすぐに片付けてしまいました
でも結構いいこと書いてある
商品企画書の共有って今もこれやったほうがいいと思う
俺は商品企画書とか出さないけどな
えええええ～～～っ
え?みんな出すの?
だから部下にきちんと指導しないんですね…

神田課長はいいけど
新しく入ってくる人たちには基本が大事だから
そういう意味でも標準プロセスを整理しておいたほうがいいですね
このマニュアルを参考にして今日の内容を一度整理しておきます
ふぅ
今日はこれくらいにしておきましょう
わあっ
やっと終わった〜
得意先から着信が入りまくってる…
私もです〜
わい わい
渋谷のお菓子は必要とされてるということですよ
この人…

第2話のおさらい

営業の基準となる標準プロセスを作成する

標準的な進め方を決めて、どの程度まで進んだかを振り返る

◆営業の進め方の「ものさし」を作ろう

営業を見える化するためには、まず見るための「ものさし」や「尺度」を決めなければいけません。

それが、「標準プロセス」です。

これによって、営業活動の基本的な進め方を統一し、それを基準にして自分の商談がどこまで進んでいるのかを測るのです。

標準化したものがないと、営業マンが日報を書いても、訪問したかどうか、そこで何があったかを羅列するだけの日記のようなものになってしまいます。

◆会社ごとの営業パターンが見えてくる

標準プロセスを決定するためには、まず検討するメンバーを選出します。

営業力の高い成績優秀者、いろいろな顧客や商品を知っているベテラン営業、そして営業をマネジメントする立場の営業管理者で構成し、5〜7名程度で検討会議を行います。

そこで標準プロセスを作成するわけですが、むずかしいことはありません。

ホワイトボードに営業の手順・進め方を、意見を聞きながら書き出していきます。付箋《ふせん》を使って模造紙に貼ってもよいでしょう。

人によって多少やり方は異なると思いますが、「おおむね、これが標準パターンだな」と言えるものが見えてくるはずです。新規開拓時のプロセスと既存客

への追加提案プロセスを、まずは考えてみましょう。

企業によっては、案件種別ごと、商品カテゴリーごとに進め方が違うというケースがありますので、必要に応じて検討してください。

このとき、ベテラン営業マンが我流でやっているようなことは無視します。無理してベテランを標準プロセスに従わせる必要もありません。

あくまでも尺度を作りたいだけですので、まずは標準プロセスを確定させましょう。

そしてこの標準プロセスに沿って若手や部下の指導を行うようにします。ベテランが勝手な我流を若手に教え込まないようにする効果もあります。

標準プロセスが決まれば、商談の進捗度も明確になりますし、どのプロセスで商談が滞留しているのかといったことも「見える化」されるはずです。

第3話

見えてきた問題は、解決しなきゃ意味がない

～業績アップストーリーを見える化する～

龍馬先輩のアドバイスを受けて、
問題の本質に気づく千歳。
他部署のメンバーとともに「勝てるストーリー」を考えるが――。

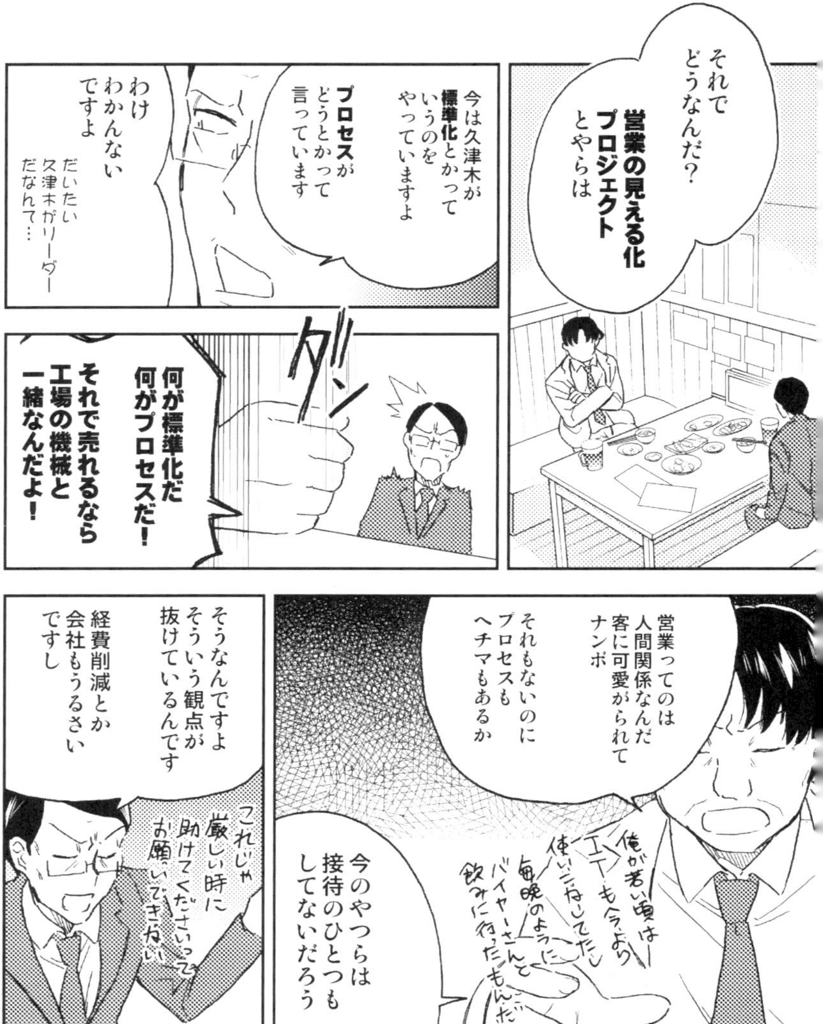
それで どうなんだ? 営業の見える化プロジェクトとやらは
今は久津木が標準化とかっていうのをやっていますよ
プロセスがどうとかって言っています
わけわかんないですよ
だいたい久津木がリーダーだなんて…
ダン
何が標準化だ 何がプロセスだ!
それで売れるなら工場の機械と一緒なんだよ!
営業ってのは人間関係なんだ 客に可愛がられてナンボ
それもないのにプロセスもヘチマもあるか
俺が若い頃はITも今より使いこなしてたし
毎晩のようにバイヤーさんと飲みに行ったもんだ
今のやつらは接待のひとつもしてないだろう
そうなんですよ そういう観点が抜けているんです
経費削減とか会社もうるさいですし
これじゃ厳しい時に助けてくださいってお願いできない

昔から営業はGNPってな
義理と人情とプレゼントだ
G義理 N人情 Pプレゼント
うん うん
お願いすることもあるしされることもある
中元・歳暮も当然だったのに
今では虚礼廃止とか言って…経費削減したいだけだろう
KKDというのもありますね
経験 勘 度胸
経験 勘 度胸 KKD
私はもっぱらカンですけど
あははは だろうな
お前はそれだけだからダメなんだ
頭もITも使わないとな
まぁ俺のKKDは
K根性 K根性 Dド根性
の略だけどな
先輩ひどいですよ
続きがあるならあるって教えておいてくれないと
ははは せっかちだな
まぁ焦らずに食事しながら話そう

ところで
営業の見える化って何のために取り組んでいるのか考えてる？
ももちろん考えてますよ
営業をサボらせないようにするためです!!
それじゃダメってことは日報書いてみてわかったんだよね？
ニコ
あぁっ そうでした…
営業の行動管理ではない…
という ことは…
やっぱり業績を上げるため…でしょうか…
そう！
当たり前のようだけどここが見落とされたまま営業を管理しようとしてしまう
営業がサボっているより頑張っているほうがいいに決まっているからね
同じことではないんですか？
多くの企業でそうなっているって
俺が読んだ営業の見える化の本には書いてあった
なぜだかわかる？
え…営業が頑張れば売上が上がるから？
ですかね…

クッキーの会社はみんな頑張ってるのに業績がよくないいんだろ？
はい…一部例外もいますが…
あはは
頑張っても思うように売上が上がらないから見える化しようとしたのに
いざ見ようと思ったら頑張っているかどうかばかりを見える化してしまう
要するに…
どうしたら業績が上がるのかがわかっていないからそんなところに注目してしまうんだ
あああ〜〜〜っ
そうかー!!!
ど——ん!!
クッキーの会社の今期の経営方針って何だったか頭に入ってる？
え…いや…その…期の初めに社長が発表していたんですけど…忘れてます…
だろうと思った
ズっ
そこにヒントがあるかもしれないよ

経営方針や その期の計画には どうやって業績を 上げていくかという ストーリーがある はずだし
なければそれを 作らないと いけない
ただ頑張れば 業績がよくなる わけじゃない からね
しゅん…
そうなんです 頑張っている のに…
クッキーの会社は お菓子のメーカーだから 商品をどうするか
たとえばヒット商品を 出したいとか 新商品を売り出す といったテーマが あったりするかもね
業績を 上げていくためには 営業力も大事だけど 商品力やサービス力も 必要になる
車の車輪のようにね
その商品を どうするかによって どこに売りにいくのかという政策や いくらで売るのかという 価格政策なども変わってくる
サービス力
営業力
商品力
GOAL!!
業績UP
SHIBUYA
そんな 内容もあった ような…
そうだろう
要するに 商品政策によって 営業の活動も 変えていかなければ ならない
たしかに そうですね
それが業績アップ ストーリーになる
ぴったり
このタイヤで いきます
商品
営業
じゃあ ウキもこのタイヤで

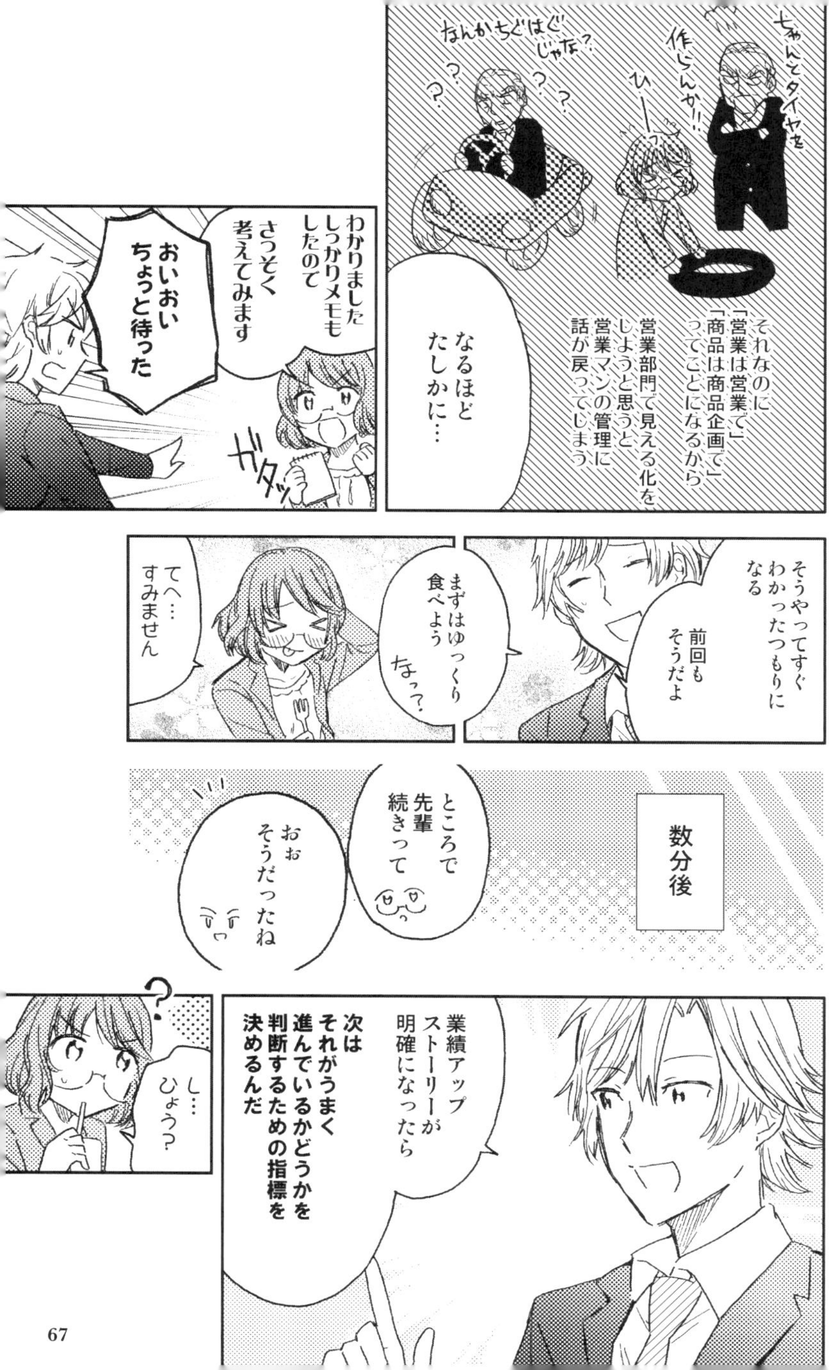
ちゃんとタイヤを作らんか!!
ひーーっ
なんかちぐはぐじゃな?
それなのに「営業は営業で」「商品は商品企画で」ってことになるから営業部門で見える化をしようと思うと営業マンの管理に話が戻ってしまう
なるほどたしかに…
わかりましたしっかりメモもしたのでさっそく考えてみます
おいおいちょっと待った
ガタッ
そうやってすぐわかったつもりになる
前回もそうだよ
まずはゆっくり食べよう
なっ?
てへ…すみません
数分後
ところで先輩続きって
おぉそうだったね
業績アップストーリーが明確になったら
次はそれがうまく進んでいるかどうかを判断するための指標を決めるんだ
し…ひょう?

たとえば新商品をあるチャネルに売り込んでいくストーリーだったら
そのチャネルに該当する顧客に対して
どういう活動をするべきか
何件訪問して何件企画書を出したら何件新商品の導入が決まるかという仮説だね
それがうまくいくと
当然その分の売上が増えて業績が上がることになるね
客
業績が上がったかどうかは**結果指標**って言うんだけど
最終的にこうなった
結果指標
ひと月でこれくらいかな？
そのために必要になる指標のことを**先行指標**という
先行指標
この先行指標を見える化すると結果が出てからあわてるのではなく
途中のプロセスで手を打っていくことができる
先行指標
わかりました
もうちょっと低くてもいいんじゃない？
なるほど売上を作るための途中段階の目標を決めるんですね
そうなんだ

これは
ただ訪問件数を
増やせとか
電話本数を増やせ
というのとは
似て非なる
ものだね
ただ活動量を
増やせという
のではなく
業績アップストーリーが
うまく進んでいるか
どうかにフォーカス
している
俺は訪問件数
増やす
ために…
ブツブツ
た…
たしかに…
訪問件数を
ゴマカシている
人がいます
そう
業績アップストーリーも
先行指標も決めずに
ただ見える化しようと
すると
そういうゴマカシが
増えるようになって
結局意味のない活動を
増やすだけになる
それをいくら
見える化しても
ダメだし
活動の総量が
増えて
喜んでいても
その割に業績は
上がらずに
かえって活動の経費が
増えるというオチになる
はぁ…
はぁ…
はぁ
アレ？
がんばったのにね…
業績
そっかぁ～
ただ営業の
活動をどうやって
見える化するか
ばかり考えて
いました…
クッキー
経営方針とか
経営計画を見直して
みたらいいよ
営業のことだけを
考えていたら
営業の見える化は
できないんだ
はい

次はどうすると思う？
う〜ん
仮説がうまくいっているのかどうかを考えます
そう 仮説検証だね PDCAを回すと言ってもいい
この認識を営業に徹底することが大事なんだ
PDCA
やっていることはあくまでも仮説に過ぎない
だからおかしければ仮説を見直す必要もある
仮説
あれ おかしい
こっちだ!!
修正
ということは自分の活動をごまかすようなことをしたら
意味がないことになると気付かせる必要があるんだ
でもどうしても隠そう ごまかそうとする人がいるんじゃないですか？
うん ゼロにはならない…だけどだいぶ減る！
ちゃんと仮説検証すればいいということがわかれば無駄なゴマカシを書く人も減ってくるよ
作文を考えるのも手間だしね
そうですね 同期の子はいつもそこで悩んでます
文章おもいつかねーよ

そんな暇があったらロープレでもしたほうがいい
これも有効な見える化で業績アップストーリーがうまく回っていない箇所がわかったら
そこを重点的にロープレで練習したらいいんだ
ロープレ…？
RPG《ロールプレイングゲーム》みたいなもの
役割を決めて商談を模擬的にやってみることだよやったことないの？
やったことないですね…
ゲームならありますが
ダメな営業をしている人はすぐに見える化されるよ
大切なことは見える化してどうするかなんだ
見える化を目的にしないことだね
問題が見えたらそれを解決するにはどうするかを考えないとね
はい…!!
龍馬先輩どうしてこんなに教えてくれるんだろう…
もしかして…

営業の見える化が何のためって？
営業を管理するためだろ？
それはそもそも何のためでしょう
ん？
売上を上げるためか
そうです業績アップのためですよね
頑張っているのに売上が思うように伸びないから見える化しようとしているのに
営業が頑張っているのかどうかばかりを考えていてはダメではないかと思うんです
たしかに…
サボっているなら頑張れよで終わってしまいます
そうなのよ だから営業はサボっていることを隠そうとして見える化できない

ぼそ…
え？ そもそも視点がズレてたってこと？
せっかくうまくごまかしてたのに…
あっ
じぃと…
大崎…ゴマカシはいかんぞ
ぽん
課長には言われたくないっす
…ところでみなさん
今期の経営方針を覚えていますか？
え？ 何ですそれ？
これが今期の経営方針です
ぴらっ
第70期　経営方針
【新商品開発】
既存ルートを活かす新商品を開発する。
【新規チャネル開拓】
既存客だけでなく、新規客、新規チャネルを開拓する。
【営業と商品企画の連動】
新商品開発とチャネル開拓を進めるために営業部と商品企画室の協働を促進する。
おぉそうそうこれこれ

初めて見ました…
なわけないだろ
毎年同じようなことだから当たり前になって誰も気にしていないんだろうな
俺もそうだし
そうなんですよね私も正直そうでした
ですが業績アップのためには営業が頑張るだけではダメで商品力も強化しないといけない
そんなことは誰もがわかっているし経営方針にも書かれている
だけどいざ営業部で業績のことになると頑張っているかどうかばかりに目がいってしまう
たしかにそうだな売れないときは商品のせいにするけど…
経営方針はざっくりとした方針なので
これを元にして今期の業績アップストーリーを作りその進捗状況を見える化するようにしたいんです
わぁ！それがいいです!!

ささっ
ふぉっふぉっ いいところに 気付きましたね お菓子なくして 渋谷製菓なし
うちのお菓子は おいしいよ
でもヒット商品はない
他社の二番煎じ みたいな商品 ばかりだ
わあああああ!!
うおおおお 秋葉さん!!
二番煎じ ばかりで 悪かったわね
はぁ…
商品企画
秋葉《あきば》 聡子《さとこ》(37)
すみません、 つい…
まぁね …
いいのよ 本当のこと だし…
ぺこ ぺこ ぺこ
今日は 商品企画の 秋葉さんに お願いして
一緒に 考えてもらう ことにしました
勝手に 決めちゃって すみません
ぺこ ぺこ ぺこ ぺこ

スッ
ぷるん
ぷるん
持ってきたわよ
これが現在試作中の『フルーチェル』です
どうぞ食べてみて
うわー食べてみよう
どれどれ
ん？まぁおいしいけど他社のと何が違うの？
新食感を追求してよりフルーツのみずみずしさが伝わるように普通のグミよりも柔らかめになっていると思うんだけど…
言われてみれば柔らかいのがわかりますけど…
おいしいよ
ひょいぱく
ひょいぱく
まぁ今日はまだ試作段階のものだから
意見をもらえればいいですよ
たしかに経営方針にも営業と連携して動くように書いてあるのに
まったく別々の動きになっているなって私も感じていたから
せっかく商品を生み出してそれが売れなかったら意味がないし悲しいですからね
新商品の投入計画も早めに教えてもらわないと営業側の準備もできないしな
さっきの業績アップストーリーも作れないことになる

そう
なんですよ
課長
今日は
秋葉さんにも
来てもらったし
遅ればせながら
今期の業績アップ
ストーリーを
作りましょう
おぉ
そうくるか
商品企画が
考えてる新商品って
このグミだけってことは
ないだろうな?
他にも
いろいろ検討は
しています
今期
重点を
置いているのは
機能性食品
というか
機能性菓子ね
わかりやすい例だと
熱中症対策の塩飴とか
カルシウム入りの
クッキーとか
塩飴
機能性表示食品制度も
できたからそれに向けて
何か商品化できないかと
検討しているんです
へぇ〜
全然知りません
でした
それは
君の勉強不足ね
世間でニュースにも
なっているし
社内でも何度か
アナウンスしたわよ
え?
そうなんですね…
私も
知りません
でした
んっ
お前ら
ダメだな
ちゃんとしろよ
課長はご存じ
だったんですか?
ケッ

フン
いや 知るわけないだろ 俺は今ある商品を売るだけだ
がっくし…
あちゃ〜〜…
ふぉっふぉっ 商品企画との連動がやっぱり必要ですね
ですねー…
よし 次は営業側の新規チャネル開拓だな
新規って難しそう…
業績アップストーリーだから ただ新規開拓ではなく どういうチャネルやルートにアプローチするべきか考えましょう
ないだろ… もうだいたいのところにはアタックしてるよ
卸にはもちろんだが デパートもスーパーも コンビニも菓子専門店も 行き尽くした その結果が今だ
ふぉっふぉっ そうかな?
どこかあるなら言ってくださいよ

大崎くん どう思う？
えっ 俺っすか
思いつきっすけど 通販とか…
あっ 私Amazonでお菓子買ったことあります
え〜〜
うちの得意先で買えよ・・・
だって まとめて安く買えますし……
でも たしかに通販とか あんまり考えてなかったかも
だろう？ まあ俺のアイデアだけどな
他には どうだろう？
また怒られるかもですが いいですか？
遠慮せず言って
グリコさんの オフィスグリコのような…
置き薬みたいな方式のやつです
あれ うちにも欲しいなぁって

あれってグリコさんだけじゃなくて
他社のも入れてるらしいわよ
そうなのか？他社のお菓子を売るなんて太っ腹だなぁ
競合じゃないか!!
ほら怒った!!
いいやそういうことじゃ…
すまん…
ふぉっふぉっ私も太っ腹ですよ～
ぽんっ
ふざけてる場合ですか!
えっ
うちがアプローチできてない先がまだありますねぇ～
そういえば…
ゴクリ…

近所のじいちゃんにあげるお菓子が思いつかなくてねぇ〜〜〜〜
一緒に考えてくれない?
ズリコーーッ
私事を挟まないでください!!
怒りますよ!!!
怒
落ち着けクッキー!!
はっ
お年寄り向けの…お菓子…!?
お菓子というと子供向けが思い浮かびますけどね
最近は大人の何とかとかビター味とかあるしな
お年寄り向けのお菓子…!!アリかも!!
おおっ!
行けるかどうかわかりませんが老人ホームや介護施設に直接売り込んでみるというのはどうでしょう?
お年寄りの熱中症対策に塩飴とかカルシウムは骨粗鬆症とかにいいかもしれませんし
黒酢や生姜が入ったお菓子なんかもいいかも
ぐっ!!

そう考えたら既存のデパートやスーパーなどのルートでも
新しい切り口が考えられるかもしれないね!!
じっ…
ん?ギフト…とか?
たしかにうちはギフト市場にアプローチできていない
そうですね
いろいろありますねぇ～
うちがアプローチできてないところ…!!
たとえば既存のデパートさんでもギフトという切り口なら
新規チャネル開拓と考えてもいいでしょうか?
ふぉっふぉっいいですねぇ～
少し見えてきました!!
キリッ!!
よし今日はここまでにしましょう
次回までに少し整理しておきます
バン!!

みなさんも業績アップストーリーを考えておいてください
では!!
あっ…お前さては!!
ガチャ
じゃん☆
やっぱりな〜〜
ふぉっふぉっ
今日は世界的プレイヤー“海堀圭二”を育てたコーチの特別レッスン
ふぅ〜間に合った…
きゃーきゃー
うわ〜かっこいい〜
やっぱりテレビよりも実物だよね!
わ〜
じゃあレッスンを始めましょう
テニス講師
マイケル吉岡《よしおか》
それではみなさんご一緒に…
魂
Michael

ゴオッ!!
できると思えばできる!!
やればできるできるできるできる
で…できる
もっと大きな声で!!
できる!!
そう そして勝つストーリーを描く
みなさんも集まって
ぞろ
ぞろ
「できる」とイメージできなければ本当にできるようにはなりません
勝てるストーリーがなければ 戦おうというモチベーションが湧いてきません
世界ランク入りを果たした教え子の圭一も最初はネガティブなストーリーばかり描いていました
だけど彼は変わった
「できる」「やれる」「勝てる」イメージが持てるようになり
トッププレイヤーになるストーリーが描けたんです
BEFORE
AFTER
Confidence!!
そう そして彼は自信を持った!
そしてアメリカへ飛び立ちました!

どっ
そして私は置いていかれた・・・
HA HA HA HA HA HA HA HA HA HA HA
そう そのスマイルで!!
できる できる
はい やって みましょう
ざっ
テニスにも ストーリーがある
勝てるストーリー
営業にも 業績アップ ストーリーがある
ストーリーが あるから頑張れるし 修正もできる
もちろん 基本的な技術は 必要ですよ〜
ただの精神論ではない
営業も同じだ
売ろうと思えば 頭も使うし
相手があるから メンタルも必要
そこで 心が折れないためには ストーリーがいるんだ
業績アップ ストーリーが!

第3話のおさらい

業績アップストーリーを指標に落とし込む

毎日の行動から、業績アップストーリーは始まる

◆「誰に、何を売るのか?」というストーリーを営業の見える化は、なんのために行うのでしょうか？

当然、会社の業績アップが目的ですよね。営業マンをこき使い、ヘトヘトにさせたいわけではないはずです。

そこで、まずは、「業績アップストーリー」が必要になります。

多くの企業では経営計画や経営方針書を毎期作成したり、中期で練り直したりしていると思います。その中に業績アップストーリーが書かれているのではないでしょうか。

もし、なければこの機会に作ってしまいましょう。

まず顧客のターゲッティングを行います。大きく分け、「新規客（チャネル）」「既存客（チャネル）」のどちらに重点を置くかを決めます。

その上で、新規客なら業種は？　規模は？　個人なら属性は？　などと絞り込みます。

次に、そこに対して提案すべき商品やサービスを考えます。ここでも大きく「新商品」か「既存商品」かに分かれるはずです。さらにそこから具体的な商品や商品群を選定したり、価格設定や提案方法を考えることになるでしょう。

そうした検討の結果、たとえば「今まで付き合いのない●●業界に向けて、既存商品の新用途提案を行うために、専用の企画書を作成してアタックする」

といったストーリーが見えてきたら、今度はそれを指標化します。

◆**最終目標から、毎日の目標を決める**

指標化とは、「期間」と「行動」を数値化することです。

具体的にはまず、結果指標として、いちばん大きな「年度の目標」を設定します。

たとえば、年間で一二件の新規客獲得が目標だとすると、月に一件の新規獲得。そのためには新商品検討先を月に五件は創出しないといけない。そのためには、企画書提出を一〇件はしたい。そのためには新規アポイントを一〇件とらないといけないわけだから、見込先を三〇件リストアップして、毎日一〇本は電話をかけて、二日に一件はアポをとる……このように、逆算していくわけです。

そう
仮説検証だね
PDCAを回すと言ってもいい
この認識を営業に徹底することが大事なんだ
PDCA

こうした先行指標を設定すると、年間で一二件開拓できたかどうか、一カ月経過して一件開拓できたかどうかと振り返るのではなく、一日に一〇本の電話コールができているかどうか、二日に一件はアポイントが取れているかどうか、週に二～三件の企画書提出ができているかどうかをチェックできるようになるため、ＰＤＣＡサイクルを速く回せるようになります。

「営業の見える化」を実行するときには、この指標を集めます。これにより戦略実行のデイリーモニタリング（日次仮説検証）ができるようになり、業績アップストーリーの実現可能性が上がってくるのです。

第4話

ライバル会社の営業「フーセンレディ」登場

〜日報でストーリーを仮説検証していく〜

義務感で書いていた日報が「売れるための計画書」になることを知り
俄然、やる気になる千歳。
そんな時、龍馬先輩からショックな言葉を伝えられる——。

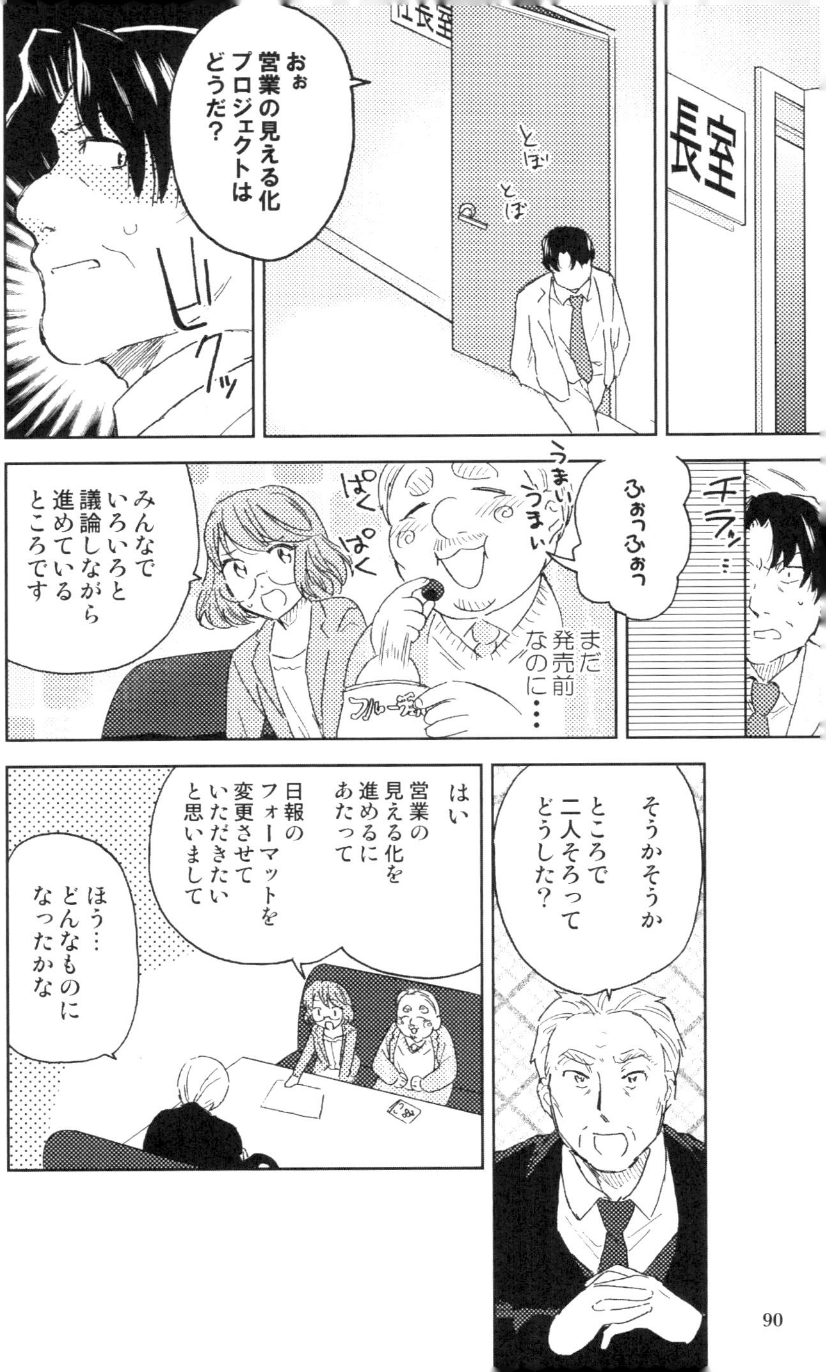
長室
とぼ とぼ
おぉ 営業の見える化プロジェクトはどうだ？
ビクッ
チラッ…
ふぉっふぉっ
うまい うまい
まだ発売前なのに…
ぱく ぱく
みんなでいろいろと議論しながら進めているところです
そうかそうか ところで二人そろってどうした？
はい 営業の見える化を進めるにあたって日報のフォーマットを変更させていただきたいと思いまして
ほう…どんなものになったかな

営業
面談者
訪問先
…ということで
今期の経営方針に基づいて新規チャネルへの訪問数と新商品の企画書提出数をこちらに書き込めるようにして
新規チャネル
企画書
提出数
これを**見える化**します
そうだなみんな経営方針なんか無視しているからな
社長も経営方針を発表したあとはあまり触れられませんよね
いやまぁ毎年似たような話だしな…
ふぉっふぉっ
私たちも具体的なアクションへの落とし込みが足りませんでした
今期も今さらではあるのですが
改めて新規のターゲットを選定しまして
アプローチしてみることにしました
アプローチ？

はい
業績アップ
ストーリー
なんです
ほう
業績アップ
ストーリー？
そもそも
見える化は
何のために
行うのか
営業の監視
ではなくて
業績を
上げるため
ですよね？
うん…
まぁ…
そうだな
だけど
従来の日報は
営業の行動管理を
する内容ばかり
でした
頑張っているのに
業績が伸びないから
見える化しようと
しているのに
頑張っているか
どうかばかりを
チェックしていた
わけです
あぁぁ
そうだな…

第70期　経営方針
【新商品開発】
既存ルートを活かす新商品を
開発する。
規チャネル開拓】
だけでなく、
、新規チャネルを開拓する。
業と商品企
品開発と
業部と商
それは営業部に業績アップストーリーがなかったからです
経営方針にはヒントが書かれていたのに
ふぉっふぉっ
安さん笑うなよっ
私が出した経営方針なのに私自身が忘れて営業部の行動管理をしようとしていた…
安さん…私は成長していないってことだな
一二年前と同じ失敗を繰り返そうとしている
えっ？
先代の会長…私のオヤジが亡くなった時の話だ
オヤジとは意見が合わずケンカばかりしていた…

一五年前に私は二代目社長になりオヤジは会長になった
古い経営を変えるべきだと気負っていた私はことあるごとに会長とぶつかった
その会長が一番可愛がっていたのが安さんだ
ふぉっふぉっ先代はお菓子を愛する人でしたから
ふぉっ もう無理ですって
新社長になった私はIT化を進めようとしてパソコンの導入を進めた
営業部にもだ
それにオヤジは反対した
当時営業改革に取り組んでいた安さんもだ
だからと言ってやる気がなかったわけじゃない
安さんは同期の大久保部長と一緒に営業マニュアルを整備したりもしてくれていた
ああ 神田課長が言っていた例のマニュアル…
え？ お二人は同期入社なんですか？
ふぉっふぉっ 同期の桜

そしてとくに意見が割れたのが
私が大手からのOEM製造にシフトしようとしたことだ
会長と安さんはそれに真っ向から反対した
自社オリジナルのお菓子があってこその渋谷だと
うちのような小さな会社だって渋谷の恋人のようなヒット商品を出せる!
こうした自社の商品があるからこそ人が集まるし
社員が自信を持って仕事に取り組める
OEMをすべて否定するわけではないが
それがメインになるようなことは許さん!!
たまたま渋谷の恋人がヒットしたからといって
今後もヒット商品が出るとは限りません!!
社員を守っていくためにも
ここはあえて大手の下でお菓子作りに専念したほうがいいんです
同時にシステム化も進めて経営を合理化します
生産性を上げてコストダウンを進める
それが今の時代に必要なんですよ

会長は安さんを高く評価していたよ
私の側についたのが大久保だ
本心がどうかはわからんがな
もしかしたら…オヤジはじきに死んで私の代になると読んでいたのか…
安さんへの敵対心か…
「IT化も進めるべきだ」って賛成してくれていたよ
そうしたら本当に会長が亡くなられたと…
そうだ
オヤジが亡くなったのは後ろ盾を失ったようでやっぱりさみしかったが
経営的には目の上のたんこぶがなくなってホッともした
好きなようにできるからね
それで安さんには大阪営業所に行ってもらって
大久保を部長に引き上げた
ふぉっふぉっ もう一二年も前の話です…

朝礼で過去のいきさつとおっしゃっていたのはこういうことだったのですね
一二年前と同じ失敗というのは？
営業に外出時にもパソコンを持たせるようにした
え？今より進んでる…
そうだよ
当時はまだノートパソコンも高かったし
社外からアクセスするには通信費もかかった…
それでもIT化で何かが変わると思ったんだが…
結局はただ営業を管理しようとしていただけだったんだろう
最初は推進役になっていた大久保も実際のところはイヤだったんだろうな
大久保を含めすぐに誰も持ち歩かなくなったよ
そんなことがあったんですね

それで大久保部長との関係もギクシャクしたものになった
あいつも気まずい思いをしたんだろう
当時いた営業マンはほとんど辞めた…
残っているのは神田課長ぐらいか
彼は当時二〇代だったからどこまで事情がわかっていたかはわからないが
ザーッ
ふ
社長昔の話はもうそれくらいで…
ふぉっふぉっ
そうだな余計なことまでつい喋りすぎた
ようやく渋谷製菓のことが理解できた気がします
安田課長のことも
ふぉっふぉっ
そうした過去の反省も踏まえて日報の書き方も変えていきます
わかった君たちに任せよう
スタ
スタ

ということで
日報は
業績アップストーリー
戦略実行の
モニタリング
ツールになります
戦略をマーケットに
当ててみて
その反応を書いて
ください
戦略とか言って
そんな大層なこと
じゃないだろう
そうなんです
「間違っているかも
しれない仮説」なんです
だから反応を見て
必要ならストーリーは
修正することになります
仮説検証でも
PDCAでも
呼び方は何でも
いいのですが
そういうものです
それと
私のほうからも
注意事項がある
商談の内容だが
「事実」「推察」「次回予定」
の3点セットで書く
ことを心がけて欲しい
えっっ!?

まず「事実」
君たちが提案した内容は何で相手の反応はどうだったかを書く
ちょっと高いっスね～
って言ったらマケてくれるかも!!
しめしめ
顧客の反応は額面通りには受け取れない
高いと言っても高いとは思っていないかもしれない
だからその裏を推測する
君たちがその場で感じたり考えたことを書く
それが「推察」
そしてそれに基づいて
次にどういうアクションを取るのかが「次回予定」だ
う～ん どうしよう
部長 急にどうされたのですか?
やけに前向きな…
馬鹿野郎 俺は営業部長だぞ!!
いつも前向きだ!!
…いや まあ…
いろいろ思い出してな…

大久保部長 ありがとうございます
こうしたヒントをいただけると助かります
ふぉっふぉっ いいですね
それではみなさん
今日から新しい日報フォーマットで
先ほどの「事実」「推察」「次回予定」を書き込むようにしてみてください
これでデータが集まりましたらフィードバックさせていただきます

そういえば最近龍馬先輩と連絡とれないな…
どうしたんだろ…
ピロリロリン〜〜
あっ
龍馬先輩

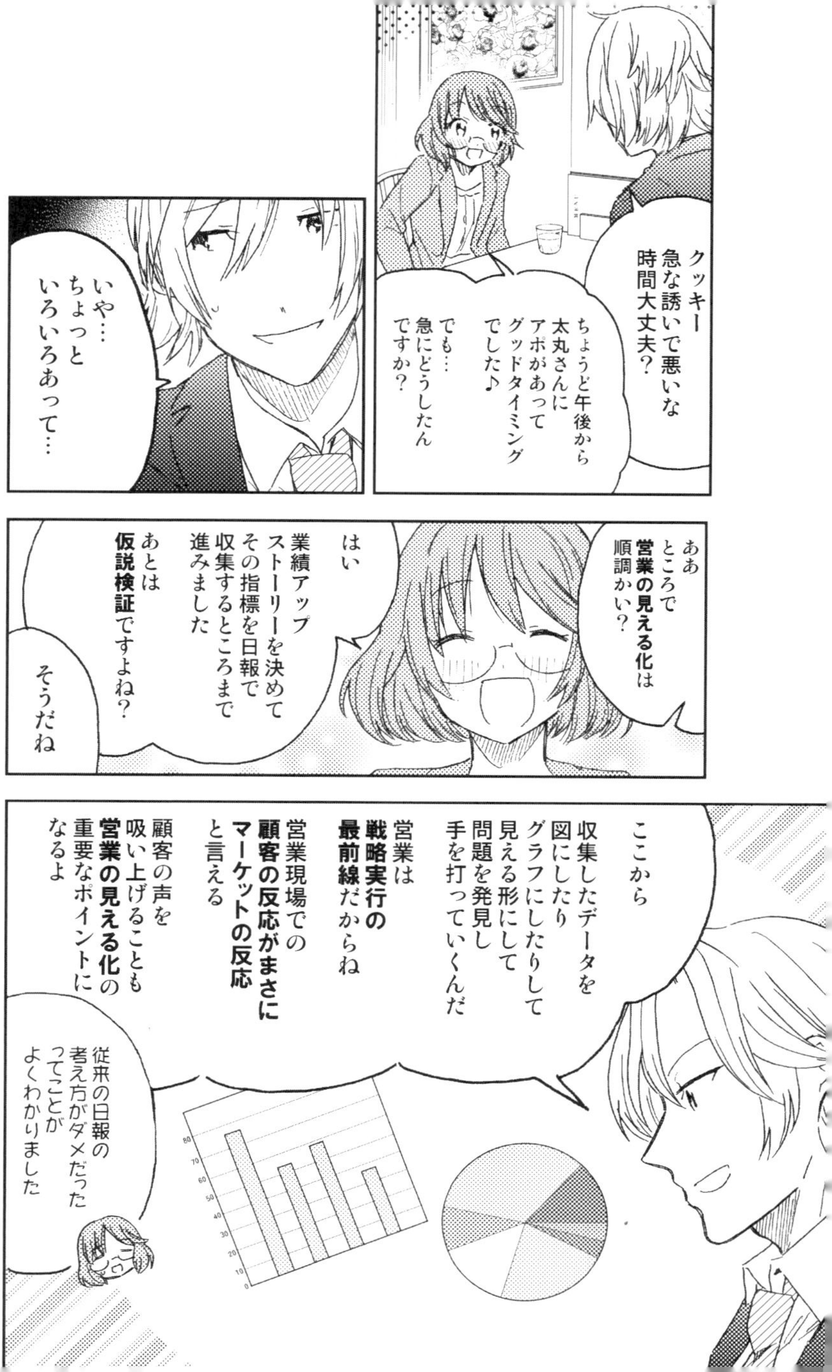
クッキー 急な誘いで悪いな 時間大丈夫？
ちょうど午後から太丸さんにアポがあってグッドタイミングでした♪
でも…急にどうしたんですか？
いや… ちょっと いろいろあって…
ああ ところで **営業の見える化**は 順調かい？
はい
業績アップストーリーを決めて その指標を日報で 収集するところまで 進みました
あとは **仮説検証**ですよね？
そうだね
ここから 収集したデータを 図にしたり グラフにしたりして 見える形にして 問題を発見し 手を打っていくんだ
営業は **戦略実行の最前線**だからね
営業現場での **顧客の反応がまさにマーケットの反応**と言える
顧客の声を 吸い上げることも **営業の見える化**の 重要なポイントに なるよ
従来の日報の 考え方がダメだった ってことが よくわかりました

実はうちの会社
一〇年以上も前に
ITを活用しようとして
失敗をしていたんですよ
あはは
そうなんだ
案外早かったんだね
はい
早過ぎ
ました…
パソコンなんかも
大きくて重いし
ネット環境なども
今より不便で
大変だったらしいです
そうだろうね
今はスマホも
あるし
どこでも
つながるように
なったしね
うちの
会社は
SFA
Sales
Force
Assistant
「SFA」という
電子秘書システムを
使っているよ
ただ日報を
打ったりする
だけじゃなく
その情報を元にして
スケジュールの
ヌケモレをチェック
したり訪問先の地図を
用意してくれたり
秘書みたいな機能が
あるんだ
2016年 6月
ええええ
それ私も
欲しい!!
ははは―
そのうち
導入して
もらえば
いいよ

日報のやりとりはメールだっけ？
そうなんです
メールだと埋もれてしまって結局見なかったり
集計に時間がかかったりするんですよね
そうだね うちも以前はそうだった
でもまずは見える化してみることだよ
見えれば気付くことがある
へぇ～ まだ実感がないんですけど…
そういえば以前IT活用に取り組んでいたっていう部長が「事実」「推察」「次回予定」を意識して書くようにって言うので
それを実践してみることにしました
ん？ もしかして同じコンサルタントなのかな
「次回予定を書くことで日報が報告書から計画書に変わる」
とかって教わったことがあるよ

報告書だと 事後報告になって そこにアドバイスしても 事後アドバイスにしか ならない
それでは ムダなんだと
日報が 計画書ですか…
たしかにそこに アドバイスすれば 事前アドバイスに！
そう 次回どうするかを 書くためには その日の顧客の反応や 競合の動きを書いて おかないといけない
それが マーケットの反応 ということになる
この情報を 見える化して 今度は製造とか 商品開発に 活かすんだよ
それで商品企画と コラボすれば いいんですね!!
あっ もうこんな 時間だ
クッキーと 話してると すぐに時間が 経つな
ああっ ほんとだ!!
太丸に 行くんでしょ？ 頑張って
はい!!
業績アップ ストーリーで 出てきた 新規アプローチ先 なんです
…また 会えるかな
もちろん ですっ
そっか…

実は俺 しばらく ドイツに行く ことになってね…
ドイツで 結婚式があるんだ
え!?
結婚式っ!!
先輩が 結婚…
先輩が ドイツ…
また先輩が 遠くに…!
ドクン
ダメ!!
気をとり なおさなきゃ…
ここは以前 取引があったものの 今では取り扱いが なくなってしまった先です
関西圏が発祥の デパートなだけに なかなか入り込めません
今日はリベンジ!!
ギロ
…今日は 何のご用件 でしたっけ?
うわ~ いきなり 先制パンチ!

お忙しいところすみません
弊社で何かお役に立てることはないかなと…
は？具体的な提案もないのにアポとったの？
こっちもヒマじゃないんだよ
いえいえいえ弊社で開発中の機能性お菓子のご提案ができればと…
カルシウムとか鉄分とかが入ってるやつだろ？
ええ…はい…
ありきたりだな今はそういうのはもういっぱいあるよ
そのギフト商品ができないかと…
ギフト？お菓子の？
そ そうです…
そういうのは地下に入ってるような有名ブランドじゃないとね～
それにギフトと言えば中元・歳暮なんだけど
虚礼廃止で年々縮小だよ
ありきたりのものじゃなくて何か新しい市場を作り出すようなものじゃないと
あぁ…そうですよね…
どうしよう…うまく話せない…

は〜
まぁ そういうことで 何かこれだって いうのがあれば 提案してよ
こっちだって 市場縮小で 困ってるんだから
ズム…
ほら 次は 新宿さんだ
すっすみません 改めてご提案に 伺いま…
ひっ…!?
ゴゴゴゴゴゴゴゴ
くるっ
あら 部長〜 お忙しいところ すみませ〜ん 新宿の大福 ですぅ〜
知ってるよ
あら? ありがとう ございます
大福 召し上がり ます?
大福 好きだね〜
こそ こそ…

しっしっ
あららららら渋谷さんかしら？
負けられませんね～
あの人が新宿製菓伝説の営業ウーマン大福幸子か
通称「フーセンレディ」
ムッ
大福の食べ過ぎで大福のようになってしまったという
オホホホ
ぽよ
ふぉふぉふぉ
うちの風船おじさんとどっちが太っているか勝負してほしい
ぽよ
最近日報書くのが苦にならなくなってきたよ
先輩熱でも？
そんなんじゃないっ
業績アップストーリーで新しいチャレンジをしているから
その備忘録が必要になる
日々のルーティーン業務だと特にメモることもないんだけど新しいことだからな
それを忘れないように日報に書いておくとまぁ意味があるなと

そうそう
上司や会社のために
書こうと思うから
苦になるんだよね
自分たちが
やっている挑戦や
実験の記録だと
思えば
書かないほうが
おかしいしね
最近
日報が営業部全員に
共有されるように
なったからかも
しれないけど
提出率も高いよな
大久保部長も
見るのが
面倒だって
でも
まんざらでも
なさそうだったよ
私は
情報が蓄積されて
何が見えて
くるかが楽しみ
いや〜
提案してみたら
案外乗ってくる
ところがあるな〜
どう
されたん
ですか？
俺の担当している
顧客のことは
全部わかっている
つもりになって
いたんだけど
子供向けじゃなくて
お年寄り向けの
お菓子とかどうよ？
って聞いてみたら
予想以上に
興味を示してな…
お菓子談義で
盛り上がったよ

どこも少子化で
困っていますからね
ニーズはありますよね
私も
提案してみて
感じます
先輩
通販のほうは
どうですか？
通販は
何社か当たって
みたけど
ハードルが
高いな…
どこも狙って
いるんだろうし
価格も厳しい
知名度がないと
相手にされない
感じだ
送料の負担もあるから
単価が安いお菓子だと
合わないいんだろうな
大丈夫!!
こうしたことも
業績アップ
ストーリーで
取り組んでみて
初めてわかった
ことだから
うまく
仮説検証しながら
進めていこ！
びくっ
ふぉっふぉっ
シュバッッ

これはうまい
『フルーチェル』の提案も忘れないようにね
『フルーチェル』を提案しないことには反応も聞けませんしね
そりゃそうだ
そっか 日報ってただの報告書じゃなくて
私たちの営業活動の鏡みたいなものなんですね
私たち次第で濃いものにも薄っぺらいものにもなる
それによって価値も変わる
ふぉっふぉっ さすがクッキー いいところに気付いたね
営業活動に中身がなければ書きたくても書けないからね
今日の太丸さんの商談も提案したからこそだね
え? もう日報読んだんですか?
ふぉっふぉっ
私はスマホで読んでるからねぇ〜
じゃーーん

新宿のフーセンレディには負けないように
彼女は手ごわい
でもギフト市場は脈ありかもしれませんよ～
ふぉっふぉ～
この人は何者…？
今日は父親の還暦祝いで実家に帰ります
私の出身は静岡です
あら 千歳 おかえり～
お父さんがお待ちかねよ
おお千歳か
うちに帰ってくる気になったのか？
父
千兵衛《せんべえ》
母
千代子《ちよこ》
出ました父親の「帰ってこい攻撃」
還暦祝いでしょ

うちの父の名前は千兵衛（＝せんべい）
母は千代子（＝チョコ）
二人から生まれた私は千歳飴から名付けられました
お菓子大好き一家です
いや～今度はじいさんが米寿でな
そこでもお祝いをやろうってことになってな
八十八って書いて米だから米寿でしょ？
あらよく知ってるわね
どや
ちなみに還暦の次が七〇歳の古希
その次が七七歳の喜寿
八〇歳が傘寿
九〇歳が卒寿で
九九歳が白寿
一〇〇歳で一世紀を祝う紀寿よ
えええおばさん物知り～～
そんなにあるのね
雑学クイーンと呼んでちょうだい
はっ
ああああそうだこれだー!!
おてもと

これから子供の数は減るけど 高齢者の数は増える おまけに寿命も延びる
バレンタインデーに チョコレートを プレゼントするのも お菓子メーカーが 仕掛けたことだし
喜寿や米寿を 煎餅で祝う というのも アリじゃないの!?
そこは 煎餅よりも あなたの名前が いいんじゃないの?
え?
千歳飴
もともと 子供が長生きする ことを祈って 七五三の時に食べる ものだった みたいだけど
同じ長寿を 祈るわけだし 名前もぴったり じゃない
大人の 千歳飴・・・
おおっ いいな
じいさんの 米寿祝いに 用意してくれ 味は抹茶でな
大人の千歳飴 その時は 「まぁ あったら 面白いかも」 という程度にしか 考えていませんでした

第4話
のおさらい

日報を計画書にする

工夫もなく日報を書かせるだけでは、ただの「事後報告書」になってしまう

◆放っておくと、いいことしか書かない

営業の見える化における日報とは、戦略実行のデイリーモニタリングツールであり、戦略をマーケットに当てたときに反応がフィードバックされる「戦略仮説検証ツール」であると考えましょう。

日報で見るべき大切なことは、営業マンが何をしたかということよりも、顧客の反応や競合の情報です。

そこで、日報を「報告書」ではなく「計画書」に変えます。

そもそも日報とは、その「日」の「報」告書ですから、放っておくと営業マンは「事後報告」を書きます。それも行動管理されているという意識があるため、「自分はこれだけがんばっている！」ということを書きたくなってしまうのです。これでは戦略実行のモニタリングにはなりません。

◆日報を計画書にするには？

営業マンには、日報は「計画書」であり、次にどうするかを考えるものだと徹底して意識づけるのです。今日どうだったかだけではなく、それを踏まえて次にどうするのかまでを書きます。

それには、「事実、推察、次回予定」でまとめます。

まず、「事実」。営業側の提案とそれに対する顧客反応をありのままに書きます。

次に、その裏を読む「推察」。顧客は本心を話すとは限りませんし、勘違いもあります。「本当のと

ころはどうか」「この人はなぜそんなことを言うのか」と考えてそれを書きます。

そして、「次回予定」。事実、推察に基づいて次にどう動くのかを書きます。ここが大切なところであり、次回予定が書かれることで、上司や先輩からのアドバイスももらいやすくなり、そのアドバイスは「事前」アドバイスとなります。「報告書」に対してアドバイスされても「事後」アドバイスにしかならず、活動には活かせません。しかし「計画書」に対してアドバイスが入れば、「事前」に知ることができますから、準備もでき、行動修正もできるのです。

日報が「計画書」になり、次回予定を書くようになると、自ずと顧客の反応や競合の動きを書かざるを得なくなるというメリットもあります。

次にどうするのかは、その日の相手の反応によるものであり、その反応とはまさに「戦略実行に対するマーケット反応」にほかならないのです。

それが見える化されて、製造部門や開発部門、仕入部門などにフィードバックされると、「営業の見える化」効果がさらに大きくなるわけです。

第5話

逆転のアイデアで、最大の危機を乗り越えろ!

～顧客が見えると、今やるべきことがわかる～

市場の声、顧客の声を拾うことで、
明らかになってきた渋谷製菓の課題。
そんな時、ライバル会社に情報が漏れていたことがわかる。
千歳は、会社のピンチを救うことができるのか——?

クッキー
新しい日報になって
顧客の声が聞こえて
くるようになったわね
新商品の
反応も見られて
すごく助かるわ
機能性お菓子の
ニーズとかね
ああ
秋葉さん
気付きました？
そうなんですよ
営業が
次回予定を書く
ようにしたことで
その日の
相手の反応を
書かないと
意味が通じない
ようになっちゃって
ああ
それで…ね
以前は営業が
何をしたかばかり
書いてあったんですが
それに対する
相手の反応が
マーケットの
反応であり
顧客の声ですよね
今日は
××をした
ウチと
しては…
そうなのよ
以前の日報は
私たちが読んでも
意味がなくてね
営業が
何してたかとか
関係ないし
ふふふ
そう言われると
ちょっとさみしい
ですが…
でも これ
私たち商品企画
だけじゃなくて
工場の方にも
見せたほうが
いいんじゃない
かしら？
渋谷製菓
日報

新商品の反応だけでなく
特売やイベントなどの
打ち合わせ内容も
書いてあるから
生産計画や
出荷の段取りに
有効な情報なんじゃ
ないかなって
あ
それいいですね
次の営業の見える化
プロジェクトの会議では
工場長にも参加して
もらえないか頼んでみます
やればできる！
できると思えば
できる!!
ブン
ブン
できる
できる〜!!
はい
今日はクラブハウスで
圭一が強くなった秘密を
見える化してみましょう
ミーティング
ルームに集合ね
ふぅ

ざわ ざわ
え？見える化？
はい みなさん
前回のレッスンで勝てるストーリーが必要だという話をしましたね
覚えていますか？
は～～～～い
Good!!
勝てるストーリーを描くためにはまず敵と自分を知らなければなりません
ただ勝てる勝てると言うだけではダメだね
あははははは
それで今日は圭一がアメリカに行って取り入れた「見える化」のビデオがあるので皆さんと一緒に見てみましょう
録画したものなんだけどね
千分の一秒まで記録するハイスピードカメラで選手とボールの位置を記録したトラッキングデータです
ピッ

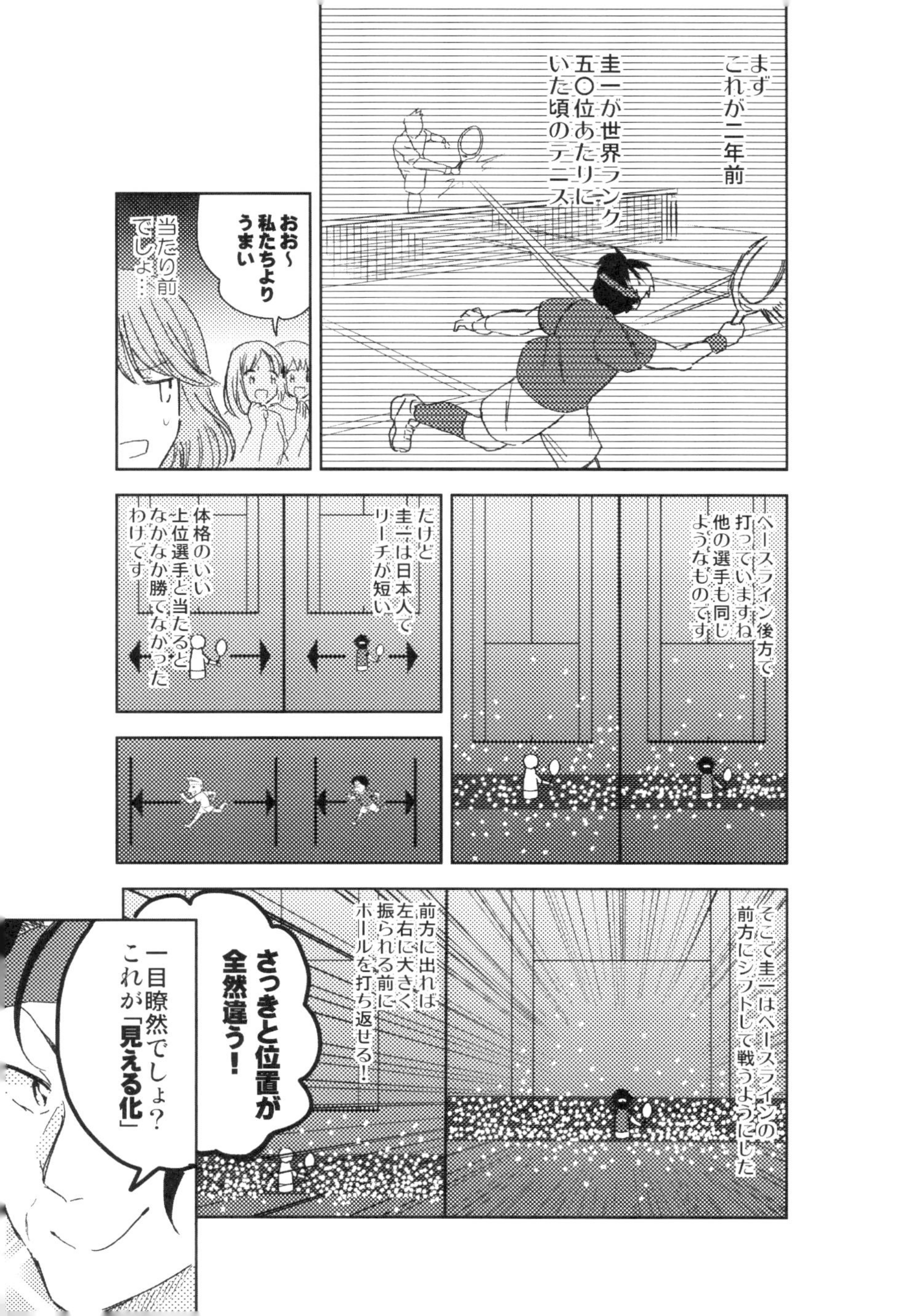
まず
これが二年前
圭一が世界ランク
五〇位あたりに
いた頃のテニス
おお～
私たちより
うまい
当たり前
でしょ…
ベースライン後方で
打っていますね
他の選手も同じ
ようなものです
だけど
圭一は日本人で
リーチが短い
体格のいい
上位選手と当たると
なかなか勝てなかった
わけです
そこで圭一はベースラインの
前方にシフトして戦うようにした
前方に出れば
左右に大きく
振られる前に
ボールを打ち返せる！
さっきと位置が
全然違う！
一目瞭然でしょ？
これが「見える化」

これで海堀圭一は全米で優勝したんですね
そうですだけどそれは簡単なことじゃない
前方に出るためには反応も速くないといけないし
相手からのリターンも読まなければならない
不安定な体制で打つことも多くなるから体幹を鍛えないといけない
でもそれが勝てるストーリーであり
それができているかどうかを仮説検証するのが「見える化」だね
なるほどやっぱり絵で「見せる」ことも大事なんだ
映像を見たら何がうまくいっていて何が問題なのかがパッとわかる
「営業の見える化」もきっと同じだ
あとは勝てるストーリーとそのために努力する自分を信じること!!
Confidence!

これで圭一は
トップテンの常連になった
壁を破ったんだ
テニススタイルが確立されたのね…
すご～い
いやぁ～
今日のテニスは収穫があったな～
まさかテニスで見える化を学ぶとは…
テニス教室
ほく
ほく
でも
そういえば
龍馬先輩も
収集したデータを図にしたりグラフにしたりして見える形にして問題を発見し手を打っていくんだ
顧客の声を吸い上げることも営業の見える化の重要なポイントになるよ
って言ってたな…
日報ばかりに気をとられていたのかも…
そして…

また先輩は私から離れて行っちゃうのか…
あぁぁぁぁ まずは仕事だ!! 見える化よ!!
明日さっそく集めたデータをグラフにしてみよう…
ぱしっ
海堀圭一みたいに何かが「見えてくる」かもしれない
ふぉっふぉっ 今日は工場長も参加だね
おお! 安さん 若いもんに呼ばれてなぁ
結構喜んでたくせに
ハハ…
工場長
田《た》端《ばた》康《やす》夫《お》(51)
今日はお二人にも参加していただいて
営業の見える化が商品企画や製造にもプラスになるのではないかという話ができればと考えています

実際
営業部の日報が
新しくなって
共有してもらって
いるのですが
商品に対する
反応や要望などが
ダイレクトに見られて
すごく参考になって
います
今までも
営業から要望を
挙げてただろう…
その時は
無視しておいて
無視はして
いませんよ
半年や年に一回ペースで
意見を集約して
もらっていましたが
あれは営業部の
声なんですよ
顧客の声として
聞こえてこない
もちろん
まとまっていて
いいのですが
同じような声が
集約されていて
生々しくないんです
すみません
営業の都合のいい
話を挙げているだけ
じゃないかと
……………

今回の見える化で
顧客からの声を
ダイレクトに見ると
実は何度も
同じような話を
していたり
口調も辛辣なのが
わかったわ…
そうなんですよ…
結構ひどいこと
言われたりすることも
ありますからね

今回の『フルーチェル』も
あまり評判はよろしくない
このプロジェクトでも
言われてたけど
「二番煎じじゃないか」
って反応が多いわ
はぁ…
顧客からリアルに
反応が返ってきたのを
見ると…ね
グサッと
くるわよ…

実は工場のほうでも
困っているのが
急な特売の対応や
特殊な原料が必要に
なっている商品の
注文なんだ
よろしく!
どっさり
仕事
いつも営業から
「至急」とか
「大急ぎ」「なる早」で
と言われるんだけど
無理なものは無理
ムリ!!
しかし
そうした情報が
前もって日報には
書かれている

注文が出る前にこちらの提案があったり見積もりを出していたりするわけで
その時点で情報をもらえると納期回答も速くなるし原料の手配や出荷担当のシフトなども調整しやすい
せっかく書いている日報ですから
これを工場長にも共有してそうした先行情報を見える化してはどうかと思うんです
見るのは勝手に見りゃーいいけど大きな注文がもらえそうな話をしていて急きょとりやめなんてなった時に
今度は文句を言われるんじゃないの？
いやそういうことがあることもわかっている
適当な情報を書かれては困るが見込み度や進捗状況をわかるように書いておいてくれたら
それを見ながら準備ができる
それでいいなら手間が増えるわけじゃないしな…
別にいいんじゃないの？俺にはあんまり関係ないし

見えるといえば競合の動きも見えるようになってきました
今[redacted]さんとやりとりしてて
顧客の反応の中には競合との取り組みや情報も含まれていますから
それを集計すると競合の動きも見える化されるんです
ほ〜う
個々の担当が収集する競合情報はそれぞれ一件とか二件とか少なかったりするのですが
それが全社でまとまると結構な件数の情報があって競合の動き方が見えてくるということなんだと思います
それで気になるのが新宿製菓なんです
うちが新規チャネルで当たっているギフト提案先に決まって新宿製菓もギフト提案で来ているんです
私は太丸さんで当たっただけなのですが
それが他でもあって
私も銀座の桐屋で…
俺は横浜でかな
それはたまたまなんじゃないのか？

いずれにしても 競合の動きも 商品企画としては 参考になる情報 なんです
今どんな提案を しているのかとか 競合の商品に対して その顧客がどんな 感想を持っているか といった情報があるので
書いておいて くれると助かります
それと もうひとつ 皆さんに見て いただきたい ものがあります
カタ
ボトルネック
アポ獲得活動
初回訪問
サンプル配布 試食
企画書提出
見積提出
登録
ばん!!
うわ 何このグラフ!
営業の プロセスごとに 活動量を重ねた グラフです
うちの営業活動に ボトルネックが あることが見える化 されました
ふぉっふぉっ これは たしかに わかりやすい

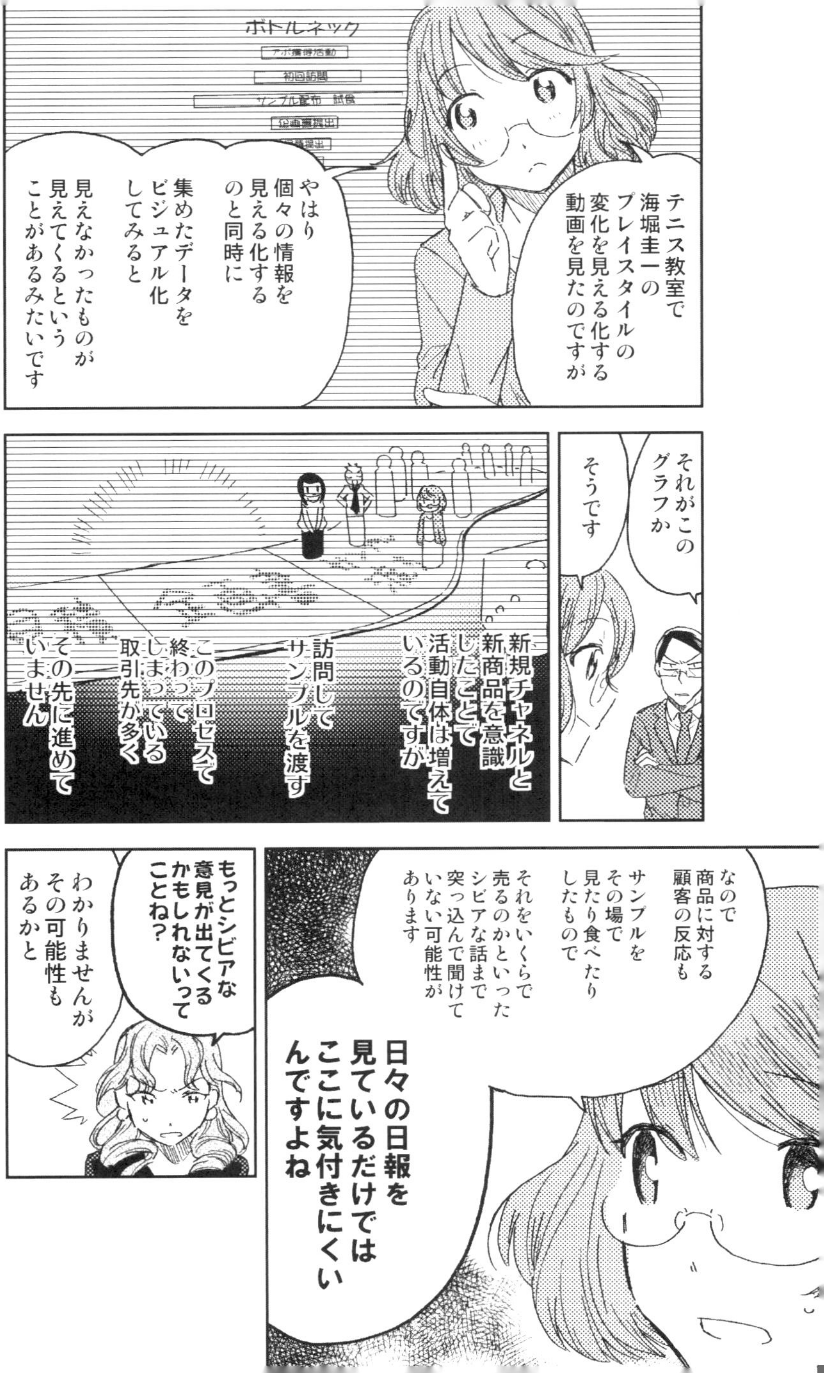
ボトルネック
アポ獲得活動
初回訪問
サンプル配布　試食
企画書提出
テニス教室で海堀圭一のプレイスタイルの変化を見える化する動画を見たのですが
やはり個々の情報を見える化するのと同時に集めたデータをビジュアル化してみると見えなかったものが見えてくるということがあるみたいです
それがこのグラフか
そうです
新規チャネルと新商品を意識したことで活動自体は増えているのですが
訪問してサンプルを渡す
このプロセスで終わってしまっている取引先が多くその先に進めていません
なので商品に対する顧客の反応もサンプルをその場で見たり食べたりしたもので
それをいくらで売るのかといったシビアな話まで突っ込んで聞けていない可能性があります
日々の日報を見ているだけではここに気付きにくいんですよね
もっとシビアな意見が出てくるかもしれないってことね？
わかりませんがその可能性もあるかと

いずれにしても サンプルを 配ってばかりで 徒労に終わっている ってことだろ？
このグラフは 営業部全員に 見せたほうが いいですね
これは 口で説明されるより 見たほうが早い
まさに 見える化 ですね!!
ムッ…
……
商品企画室
秋葉さん やっぱり 『フルーチェル』も 価格の話まで 詰めていくと
食感だけでなく もうひとひねり 欲しいという意見が 多くなります
やはり 「機能性を加えたら どうか」という声が 多いようです
そうかぁ～
食感だけじゃ インパクトが 弱いってことね
それと やっぱり少子化で 子供向けじゃなくて
大人向けの商品は ないのかという声が 多くありませんか？

そうよね
それもどこも考えていることなんだろうけど
なかなかいいアイデアがなくて菓子メーカーも小売側も困っているという感じね
じゃあこんなのはどう？
歯がなくても食べられるやわらかい煎餅！
うまいうまい
やわらかおせんべい
煎餅がやわらかくちゃ意味がないでしょ
それに「歯がなくても」なんて失礼よ
ダメかぁ～
大人のための機能性グミってどうですか？
それってフルーチェルに機能性を加えただけじゃん
ぶ～
悪くない気がするけど
高齢者だとグミを喉につまらせたりするかもしれないしね
う～んそうか…
はっ
実は私一つアイデアがあるんです
え？

バレンタインにはチョコ
節分には恵方巻き
母の日にはカーネーション
さて敬老の日には？
うーーん
え？何かあったっけ？
ヒント私の名前
千歳飴？
ピンポーン
そう!! 大人の千歳飴
おじいちゃんおばあちゃんの長寿を祝うの
それって七五三じゃない
子供が健やかに育つことを祈る伝統と高齢化が進む現代の機能性との融合です
甘みを抑えてカルシウムや鉄分イソフラボンやアントシアニン
ニンニクや生姜などを配合して体によいものにする
それで敬老の日もそうですし還暦や古希 喜寿 傘寿米寿などのお祝いに使ってもらうんです

それって
高齢者向けの
新しいお菓子市場を
創り出すってこと？
そうよ
少子高齢化
なんだから
高齢者に向けて
機能性食品を
ギフトで提供するから
高付加価値で販売
できると思うの
クッキー
それいい!!
どこで
思いついたの？
実は
父の還暦祝いに
ちょうどいい
プレゼントが
なくて…
赤いネクタイ!?
こんなのどこにしていくんだ!!
赤いちゃんちゃんこはイヤだっていうからって!!
それで思いつきました
見える化で
ニーズが
あることは
つかんでいたし
実際に
デパートなどでは
高齢者のお客様が
増えているように
感じていました
で
実はこのアイデア
うちの母にヒントを
もらいまして
だろうな
クッキーらしくないもんな
ムッ

千歳飴自体はうちでも作っているから
どういう原料を入れるかとパッケージングね
しゅ
しゅ
子供向けのと同じじゃダメでしょうから高級感のあるギフト商品にしたいわね
すぐに検討してみる
しゅっ
カタ
タタタ
タン!!
数日後
渋谷製菓
うわ秋葉さん早っ
もう千歳飴の企画書できてるじゃん
これ飴にメッセージが書けるというギフトならではの商品になるみたいです
高齢者向けだから高級なほうがいいでしょうしね
千歳飴をメッセージカードや熨斗《のし》の代わりに使うことで
他のお祝いに添えて使えるようにしたってさすが秋葉さんね

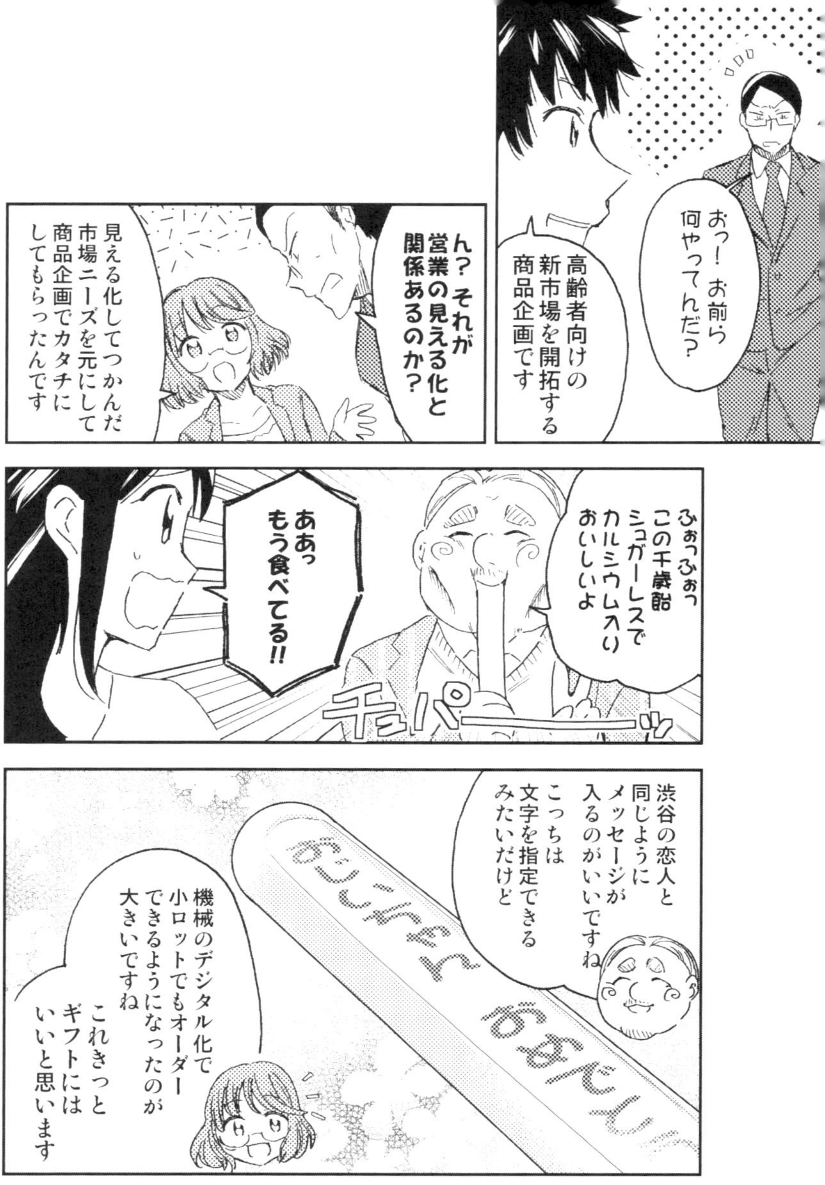
おっ! お前ら何やってんだ?
高齢者向けの新市場を開拓する商品企画です
ん? それが営業の見える化と関係あるのか?
見える化してつかんだ市場ニーズを元にして商品企画でカタチにしてもらったんです
ふぉっふぉっ この千歳飴シュガーレスでカルシウム入りおいしいよ
ああっ もう食べてる!!
チュパーーッ
渋谷の恋人と同じようにメッセージが入るのがいいですね
こっちは文字を指定できるみたいだけど
おじいちゃん おばあちゃん
機械のデジタル化で小ロットでもオーダーできるようになったのが大きいですね
これきっとギフトにはいいと思います

へぇ～
でも もうすぐ
シルバーウィーク
だけど
今年は
間に合わんな
課長
せっかく
盛り上がっているのに
腰を折るようなことを
言わないでください
へへ
還暦祝いなどは
年中ありますし
敬老の日で
高齢者市場に関心が
向いているうちに
当たってみましょう
そこでまた
仮説検証して
ブラッシュ
すればいいかと！
あははははは…
TAIMARU
今日こそ
太丸の食品部長にリベンジ！
東京駅…
か…
実は俺 しばらく
ドイツに行く
ことになってね…
ドイツで
結婚式が
あるんだ
ぱしっ
いけない
いけない
気を
引き締め
ないと!!

部長 今日は先日宿題をいただいた
新しい市場を創り出すご提案を持ってまいりました
がさごそ
ほう そりゃ楽しみだ …で どんな提案なの？
高齢者向けに機能性お菓子を提供する
新しいギフト市場を開拓します
大人の千歳飴です!!
大人の千歳飴
敬老の日はもちろんですが還暦や喜寿といった長寿のお祝いに添えるギフト商材です
はきはき
ああ…
それと似たような企画を昨日新宿さんが持って来たよ
えっ… 昨日…ですか？ 新宿製菓さんが？
そうだよ

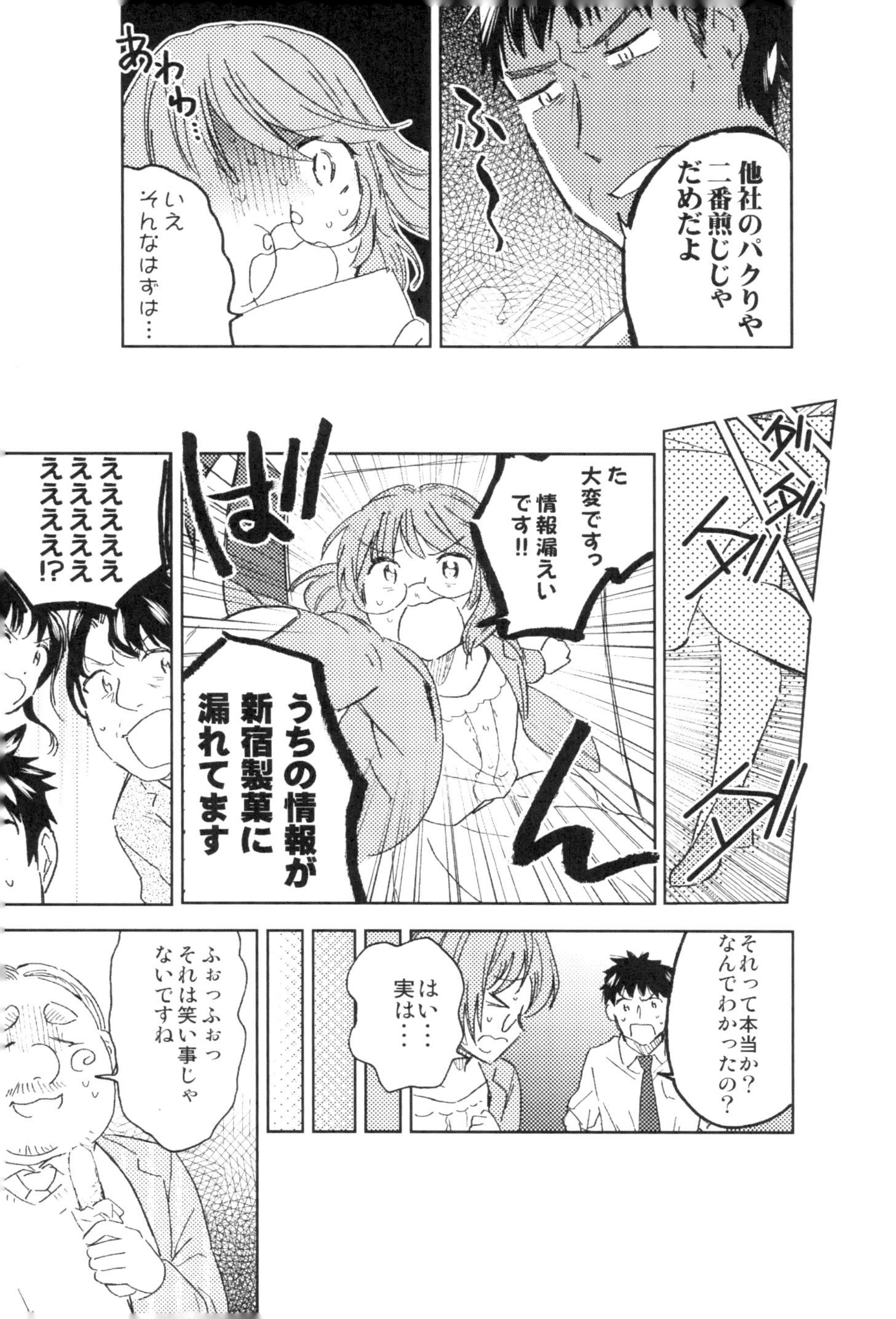
他社のパクりや
二番煎じじゃ
だめだよ
ふ〜〜
あわわ…
いえ
そんなはずは…
ダダダダダ
た
大変ですっ
情報漏えい
です!!
ばーん
うちの情報が
新宿製菓に
漏れてます
えええええ
えええええ
えええええ!?
それって本当か?
なんでわかったの?
はい…
実は…
ふぉっふぉっ
それは笑い事じゃ
ないですね

もともと ギフト提案先で 一緒になることが 多くておかしいなとは 思っていましたが…
たまたま 同じ提案になるなんて おかしいと思うんです
それは そうだな…
そういえば 神田課長は どうした？
今日は 体調が悪いって お休みです
え？ 新宿さんでも 日報が あるんですか？
当たり前でしょ IT化された システムが あるわよ
渋谷さんには ないの？
いや まぁ あるんですけど…
営業の 見える化 ですよね…
今や 情報がなければ 戦えない

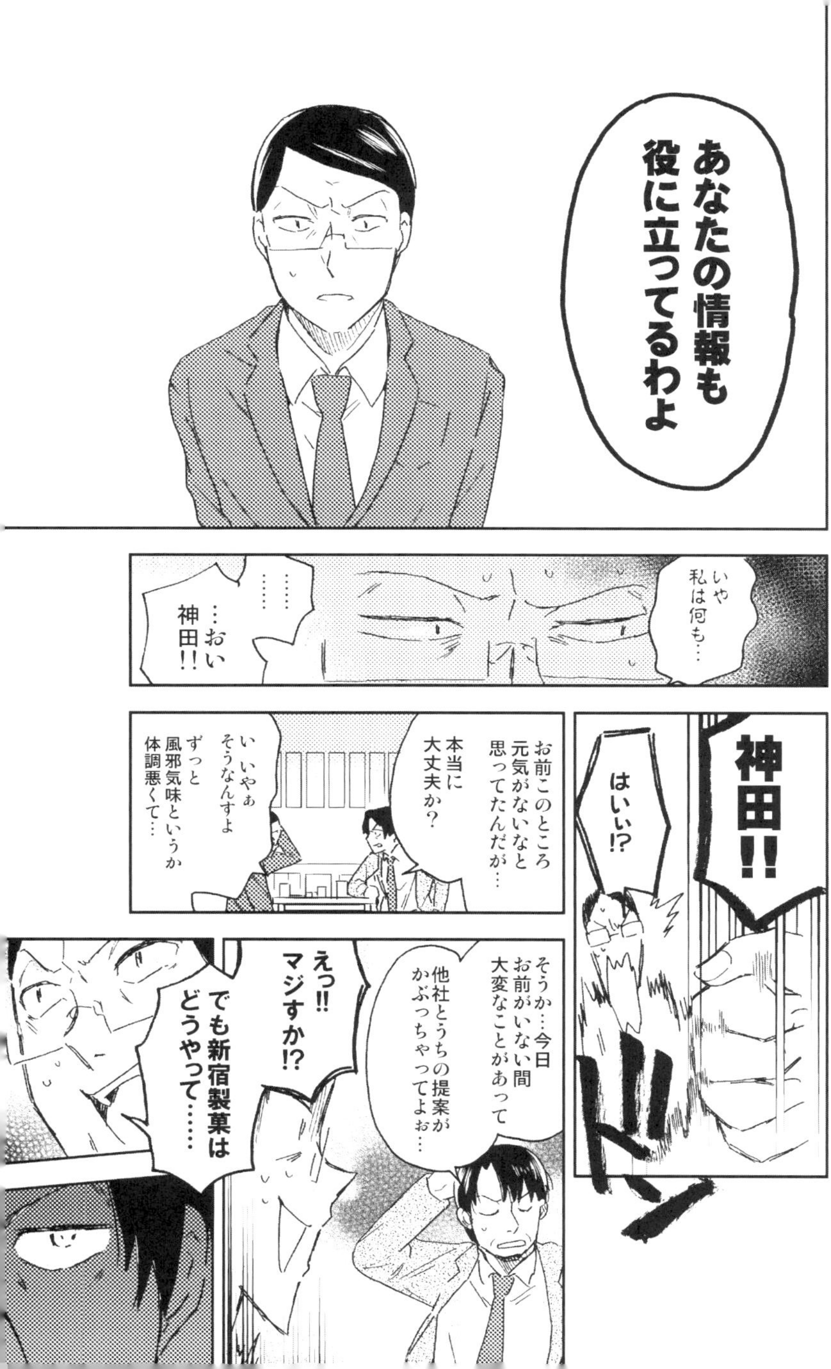
あなたの情報も
役に立ってるわよ
いや
私は何も…
……
……
…おい
神田!!
神田!!
はいぃ!?
お前このところ
元気がないなと
思ってたんだが…
本当に
大丈夫か?
い いやぁ
そうなんすよ
ずっと
風邪気味というか
体調悪くて…
そうか…今日
お前がいない間
大変なことがあって
他社とうちの提案が
かぶっちゃってよぉ…
えっ!!
マジすか!?
でも新宿製菓は
どうやって……

誰が
新宿製菓って
言ったんだ？
!!
す
すみません
ビクッ
なんか
営業の見える化とか
面倒なことを言うんで
他社は
どうなのかなと
探りを入れて
やろうと思いまして
お前なぁ…
ほ 本当なんす
新宿の大福っていう
営業部長なんですけど
以前得意先で何度か
顔を合わすうちに
話すようになりまして
同業者で
ちょうどいいやと思って
話を聞きだそうと
したんですが…
まんまと
こっちの情報を
取られたって
ことか

いやぁ 最初は
ちょっとした情報交換で
こちらも話さないと
聞き出せませんから
最近は
機能性お菓子だとか
ギフト市場がどうか
とかいう話をして
そうしたら
向こうもちょうど
取り組んでいる
ところだって
それでなんで
うちが提案
している先を
教えたりするんだ
え…
営業の見える化の
話になりまして…
日報について
語ってたら
上手に聞き出す
んですよ…
馬鹿野郎
何をやって
いるんだ!
それで
軽く一杯行こうって
ことになりまして
新宿製菓に
転職しないかと
誘われたんですよ
もちろん
私は行く気は
なかったんですよ
でもまぁ
待遇も悪くないし
日報もうるさく
言われなくて
いいかなと思ったりも
したんですが…
お前…
そんなに日報が
イヤなのか
部長も
文句言ってた
じゃないですか

だけど新宿製菓にもIT化された日報があって見える化しているって言うんです
そりゃー いまどき新宿製菓くらいになったらやってるだろうな
なんだよ じゃあ一緒じゃないかと思ってたら話題がなくなって…
それで千歳飴の話もしてしまったと・・・
あいつらそれをパクったのか
で お前はどうするんだ?
…すみません まずいとは思っていたんですが
久津木《あいつ》がリーダーというのも気に食わなくて…
糸が切れたみたいでフラフラしてまして…今日も休んでしまいました
ガクッ
みたいだな さっきから案外元気そうだ
咳もしないじゃないか
しかし余計なことをしてくれたな

だって部長も会社の文句を言ってたじゃないですか
安田課長が帰ってきてからはずっと不貞腐れている感じだし
ああそうだよ俺も辞めようかと思っていた
いや辞めるべきではないかと思っていた
そうでしょ一緒じゃないですか
会社が気に入らないんでしょ
いやお前とは違う
俺のは会社への愛だ
渋谷愛それゆえの嫉妬だ
え…部長がですか？

もともと俺は先代の社長に嫌われていた
先代は風船野郎がお気に入りでな何かにつけて安田を可愛がっていた
俺も会社のために役に立ちたかった
先代に認めてもらいたかったのにな
グッ…
その嫉妬で俺は今の社長側についた
どうせ代替わりするんだしな
ITを活用するって言うのもイヤじゃなかったしもともとは営業の見える化推進派だ
そこもお前とは違う
だがその社長からも俺はハシゴを外された
新社長のために頑張ろうと張り切っていた俺を社長は見捨てた
部長としてずっとやってきたじゃないですか
いや俺にはわかってたんだ

社長は俺に
一時は期待して
くれていたが
すぐに見限った
当時いた
中堅どころの営業は
ほとんど辞めたから
俺しか
いなかったんだろう
今回安田を
本社に戻したことで
それがよくわかった…
それでずっと
機嫌が悪かった
んですね…
すまんな
俺の器の
小ささだな
嫉妬だよ
安田に対する
劣等感だ
だが
それも安田が
憎いんじゃない
社長や会社への
愛なんだ
俺は渋谷が
好きなんだよ
文句を
言っているのは
その裏返し
みたいなもんだ
それが今
お前を見ていて
よくわかった
お前とは
違う

うわあぁあぁあぁん!!!
はぁぁぁぁぁぁぁぁぁぁぁぁぁぁぁぁぁ
申し訳ありません……!!!
なんで泣くんだ!!
泣きたいのはこっちなんだよ
部長…すみません…
俺はホント自分のことばかり考えて
部長や会社を裏切ってしまいました
会社が気に入らないなら辞めればいい
だが情報漏えいは犯罪だ
いやそんな…会社が嫌なわけじゃないんです
ただ 居場所がないような気がして
情報漏えいなんて大それたこともしていません
ちょっと口を滑らせただけで…
顧客データとか抜き出したりしてないんだろうな?
当たり前です信じてください!

…わかった
だが この件は
見てみぬフリを
することはできない
事実を報告して
社長やみんなの
理解を得るしかない
明日
朝イチでみんなに
謝るんだ
チュン
チュン…
渋谷製
すみません
でした!!
バッ
軽はずみな行動で
みなさんにご迷惑を
おかけしましたっ
神田課長も
大いに
反省している
他社と
情報交換することは
営業ではよくある
ことだが
今回はちょっと
度が過ぎていた
データを抜き取って
渡したとか
そういうことでは
ないようなので
決して許される
ことではないが
みんなの理解が
得られれば今回につき
不問に付したい
どう
だろうか?
ペろっ
ふぉっふぉっ

神田さんがいないと困りますしね
しっかり挽回してもらいましょう
クッキーはどうです？
太丸さんから聞いた時はビックリして
どうしたらいいかわからなかったのですが
千歳飴企画という概略だけしか話されていないようなので
改めてリベンジしたいと思います
…すまない
みなさん申し訳ありません
昨日 俺は大久保部長から
会社を…渋谷のお菓子を愛しているって話を聞いて
目が覚めました
俺は自分のことばかり考えて批判ばかりだったなと
心を入れ替えて頑張ります
大久保が…？

なんすか
課長らしくないっすね
一緒にやりましょう
ぽん
課長やりましょう
ふぉっふぉっみんな渋谷LOVEですよ
私もみんなに謝らないとな
いい歳して不貞腐れていた
すまなかった許して欲しい
もちろんです
よし気合いを入れ直して新規市場の開拓に全力で取り組もう!
はい!!

第5話のおさらい

顧客が見えるとは、判断基準が見えること

「営業の見える化」が最終的に目指すのは、「顧客の見える化」

◆日報が計画書になると、顧客が見えてくる

日報が「計画書」になると、顧客の反応が日々見えてきます。こうなれば、マーケット（市場）動向が見えると言ってもいいでしょう。

実は、「営業の見える化」のいちばんの目的は、この「顧客の見える化」なのです。

これは、まさに、孫子の兵法の「彼を知り己を知れば、百戦殆《あや》うからず」の実践です。

まず彼（この場合、顧客や市場）を知る。その上で己（営業活動）を知る。「営業マンの見える化」も、固定給がある以上、ある程度は必要ですが、単に営業マンが真面目に動いているかどうかを見るのではなく、戦略実行や業績アップストーリーの進捗状況を見える化するものです。

これで「百戦殆うからず」となるわけですが、「顧客の見える化」を進める上で重要なポイントを整理しておきましょう。

◆まずは顧客のニーズをヒアリングする

「顧客を見えるようにする」と言っても、顧客の名前や住所、電話番号など、調べれば誰でもすぐにわかるようなことが見えても意味がありません。

見たいのは、その顧客が「どうしたら買うのか」「いつ買うのか」「誰が買うと決めるのか」といった判断基準、購買基準です。

顧客の判断基準が見えれば、顧客のニーズを先回

りして提案することができるようになります。これが「見える」ことで、営業活動がやりやすくなることは間違いありません。

しかし、そう簡単に教えてくれるものでもありません。顧客との駆け引きもあるでしょうし、わざと嘘を言ったり、勘違いしている場合もありますから、ヒアリングするだけでは見えません。

◆顧客ニーズを見える化する「視観察」の教え

そこで、「視観察」の教えを使います。

これは、論語の「子曰く、其の以《もち》うる所を視《み》、其の由《よ》る所を観《み》、其の安《やす》んずる所を察すれば、人焉《いずく》んぞ廋《かく》さんや、人焉んぞ廋さんや」という教えです。

意味は、「その人物のありのままの言動を見て（視）、その人物が過去からどういうことをしてきた人かを見て（観）、その人が目指す目的や動機は何かを察すれば（察）、人の本性は隠しておくことができない」。

これは「ものを見るのに、視・観・察の3つの見方がある」ということです。詳しく説明していきましょう。

まず「視」ですが、これは日報に記載する「事実」に相当します。商談の内容、顧客の言動をありのままに書く。これが「事実」でしたね。

そしてその裏を読む「推察」が、「察」に相当します。ここでは読み違いもあるし、顧客に誤魔化されることもあるでしょう。

しかしそれを日報に記録することで、時系列に遡る遡《さかのぼ》って、「観」という見方ができるようになります。これで「視観察」がそろいました。

時系列で追いかけて「観察」できるのは、「営業の見える化」があってこそです。△年前には△△となっていたけれども、○年前には○○となり、×年前には××だった……と読んでいくと、その顧客の判断基準が見えてくるのです。1回1回の商談では見えないものが、「観察」で見える化されるのです。

◆視観察を効率化する「QCDKTR」

この「視観察」をより効果的に行うために、QCDKTRという視点を意識しましょう。

「視」と「察」をするときに、Q（Quality：品質）、C（Cost：価格）、D（Delivery：納期）、K（Key Man：意思決定権者）、T（Timing：購入時期）、R（Relation：人間関係・資本関係）という6つの視点を聞き出し、裏読みを意識するのです。

それぞれの視点で、重視するのは何か、どう検討するのかといったことを記録に残して、「観」で見返すと、よりその顧客の判断基準、購買基準が「見える化」されます。

このQCDKTRは日報のフォーマットに欄を設けてもいいでしょうし、聞き出せたときに記録するようにしてもよいでしょう。

このように、顧客が見え、市場が見えることこそ、「営業の見える化」が目指すところなのです。

最終話

渋谷のお菓子でみんなをハッピーに

～見える化で、社員の心も見えてくる～

新商品「大人の千歳飴」で巻き返しを図るプロジェクトメンバー。
社長は、業績アップよりも、
もっと大切なものを得たことに気づく――。

FOR YOU
HAPPY BIRTHDAY
CHITOSEAME
大人の千歳飴 長寿祝いのパッケージ案ができました
うわ～ これいいですね 高級感もあるし 色もきれい
これは売れるな うん！ 間違いない
単独でもお祝いとして使ってもらえて 他のプレゼントに添えた場合にも アクセントになるように 色合いを工夫しました
メッセージも入るんですよね？
一週間前にオーダーしてもらえれば オリジナルメッセージが入れられるのよ！
それ絶対デパートではウケると思います
高齢者向けだし 食品と言うよりも 上得意に向けた 外商部とかがいいかも
クッキー 外商いいと思うよ
過去のギフト提案先を日報からピックアップして ニーズがあった先に 再度アプローチしよう 顧客のダムが できているはずだ

大崎くんも急いでアプローチを
はい さっそく当たってみます
了解です
風船おじさん人が変わった？
たしかに
ああっ こんな時に…!!
RRRRRR
龍馬先輩
…!?
クッキー早く早く!!
ああっごめん
早いうちに誤解を解かなきゃ
うちが二番煎じのパクリだと思われてしまう
ばっ
また血相を変えてどうした？
お忙しいところすみません
先日のご提案しっかりお話できていなかったものですから

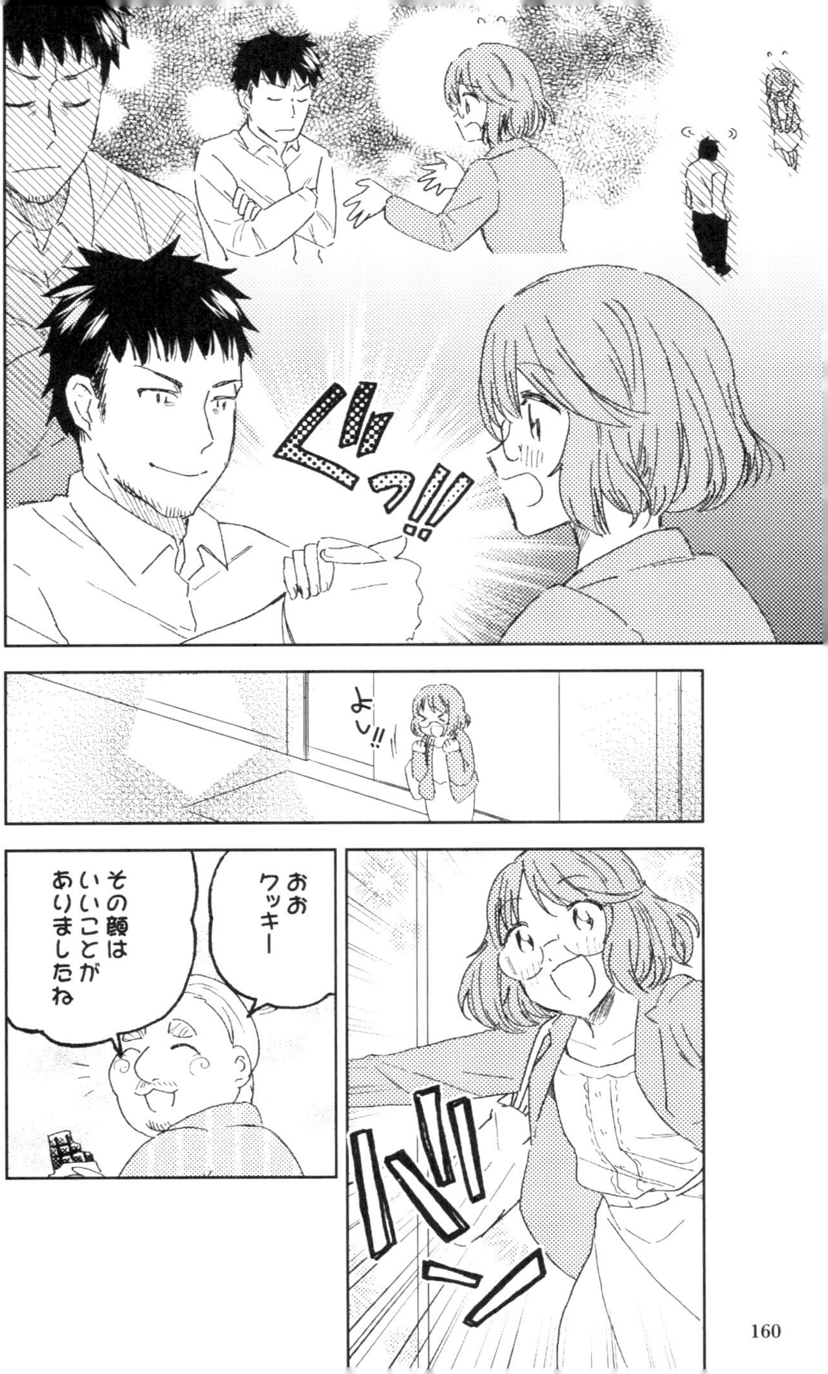
ぐっ!!
よし!!
おおクッキー
その顔はいいことがありましたね
バッ

太丸さん すごく反応 よかったです
外商部にも 話をしてくれると
おお いいね
実は 俺のほうも 好反応だった
日本橋 デパート
うわっ 老舗
私のほうも 上々です
メッセージ入りが 気に入ってもらえて
渋谷さんは 渋谷の恋人も そうだけど メッセージ入りが 好きだねって
ははは たしかに
俺はデパートじゃ ないんだけど…
昔からの付き合いの 卸さんを通して 地方のデパートに 提案してもらう 約束をとりつけてきた
これは 全国的な動きに したほうがいいってな
さすが 神田課長
やりますね!
……これって 「営業の見える化」の成果ですよね

顧客の動きやニーズが見えてきて
それに対するこちらの提案状況や活動状況も見えて
それが次のアクションにつながり商品開発にもつながった
まさに競合の動きも見えたしな
新宿製菓の名前が出てきた時はビビったけどな
そうですよ…課長頼みますよ
営業の見える化をしたら顧客が見えた
営業マンの行動管理じゃない
顧客やマーケットが見えるから業績アップにつながるんですね
大人の千歳飴
いい感じみたいだな
営業の見える化プロジェクトのおかげだ本当にありがとう
私の想定を超えた成果が出たよ
社長!!

営業部の アイデアがあってこそ でき上がった商品ですし
他の商品でも ヒントをたくさん いただいています！
ホントいい商品に 仕上げてくれた これで売れないと 営業部が悪いな
工場も 頑張ってるのを お忘れなく
ふぉっふぉっ 千歳飴 おいしいよ やっぱり 年寄りには カルシウム入りが お勧めだな
新商品効果は これからですが
既存商品についても ここ二カ月は改善傾向で 特に休眠状態だった先の 掘り起こしで底上げが できているようです
業績アップストーリーで アプローチ先を明確に したのがよかった みたいですね
かつて 営業部のIT化に 取り組んだ時には 中途半端で終わって しまっていたことが よくわかったよ
その失敗が 頭にあって 否定的な態度を とってしまった
悪かったな 久津木 改めて私も **「営業の見える化」**に 取り組むことに するよ

今回のプロジェクトで
みんなが渋谷製菓のために頑張ってくれていることがよくわかった
私にとっての一番の見える化は
みなさんの渋谷愛が見えたことかもしれない
すっ…
すっ
渋谷のお菓子で
みんなをハッピーに

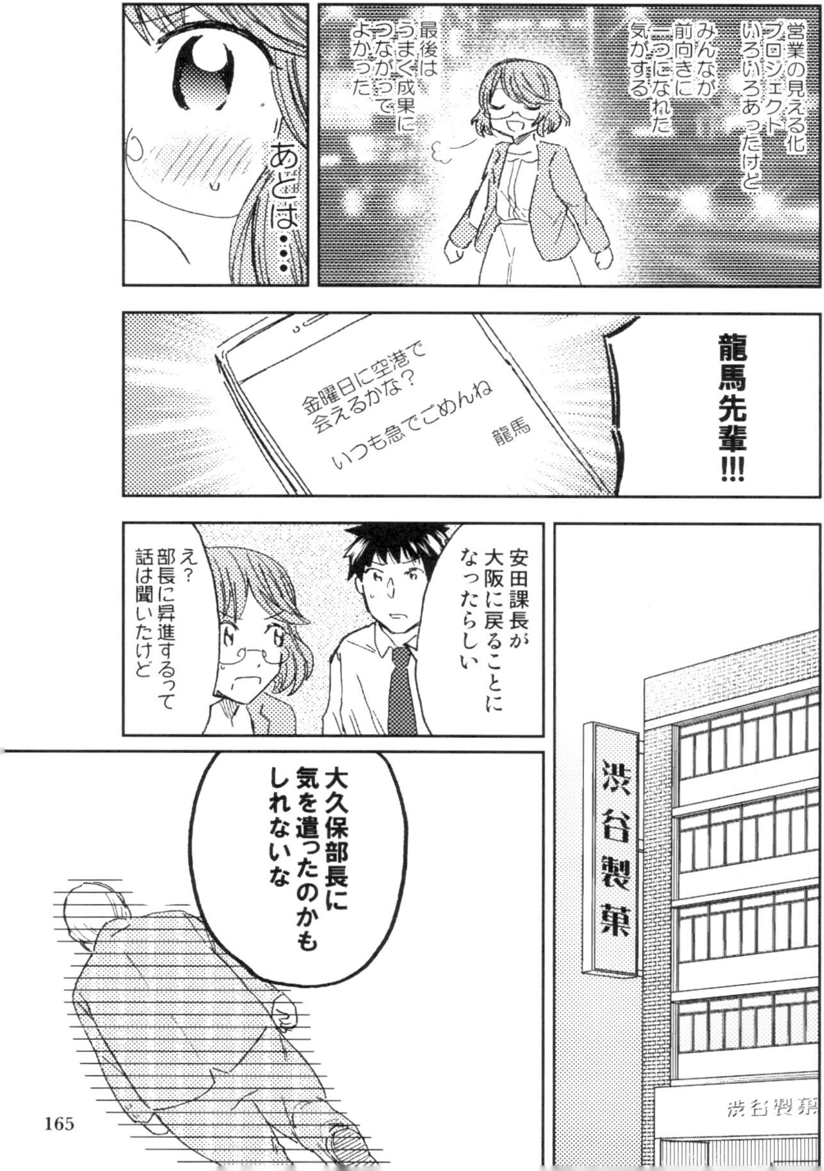
営業の見える化プロジェクトいろいろあったけど
みんなが前向きに一つになれた気がする
最後はうまく成果につながってよかった
あとは……
龍馬先輩!!!
金曜日に空港で会えるかな？
いつも急でごめんね
龍馬
渋谷製菓
渋谷製菓
安田課長が大阪に戻ることになったらしい
え？部長に昇進するって話は聞いたけど
大久保部長に気を遣ったのかもしれないな

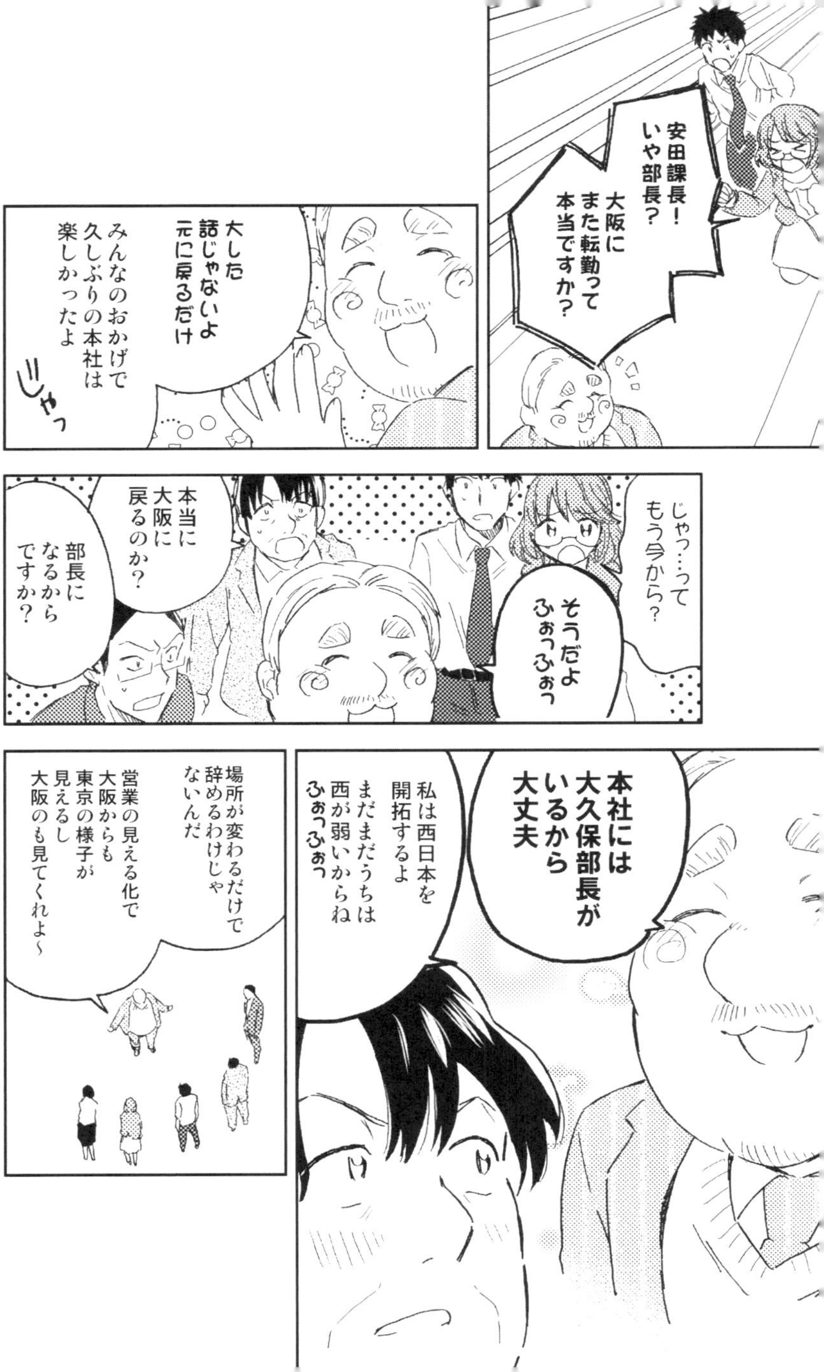
安田課長！いや部長？
大阪にまた転勤って本当ですか？
大した話じゃないよ 元に戻るだけ
みんなのおかげで久しぶりの本社は楽しかったよ
じゃっ
じゃっ…って もう今から？
そうだよ ふぉっふぉっ
本当に大阪に戻るのか？
部長になるからですか？
本社には大久保部長がいるから大丈夫
私は西日本を開拓するよ まだまだうちは西が弱いからね ふぉっふぉっ
場所が変わるだけで辞めるわけじゃないんだ
営業の見える化で大阪からも東京の様子が見えるし 大阪のも見てくれよ～

東西で盛り上げていこう
じゃっ
金曜日
先輩…また遠くに行っちゃうんですね
成田国
Narita Airpor
ははは いつも急でごめんな
でも今回はちゃんと連絡したぞ
そ…それは…ありがとうございます
大丈夫 また会えるって
この間品川で会えたようにね
おっと もう飛行機の時間だ
それじゃぁ元気でねクッキー
せ…先輩…

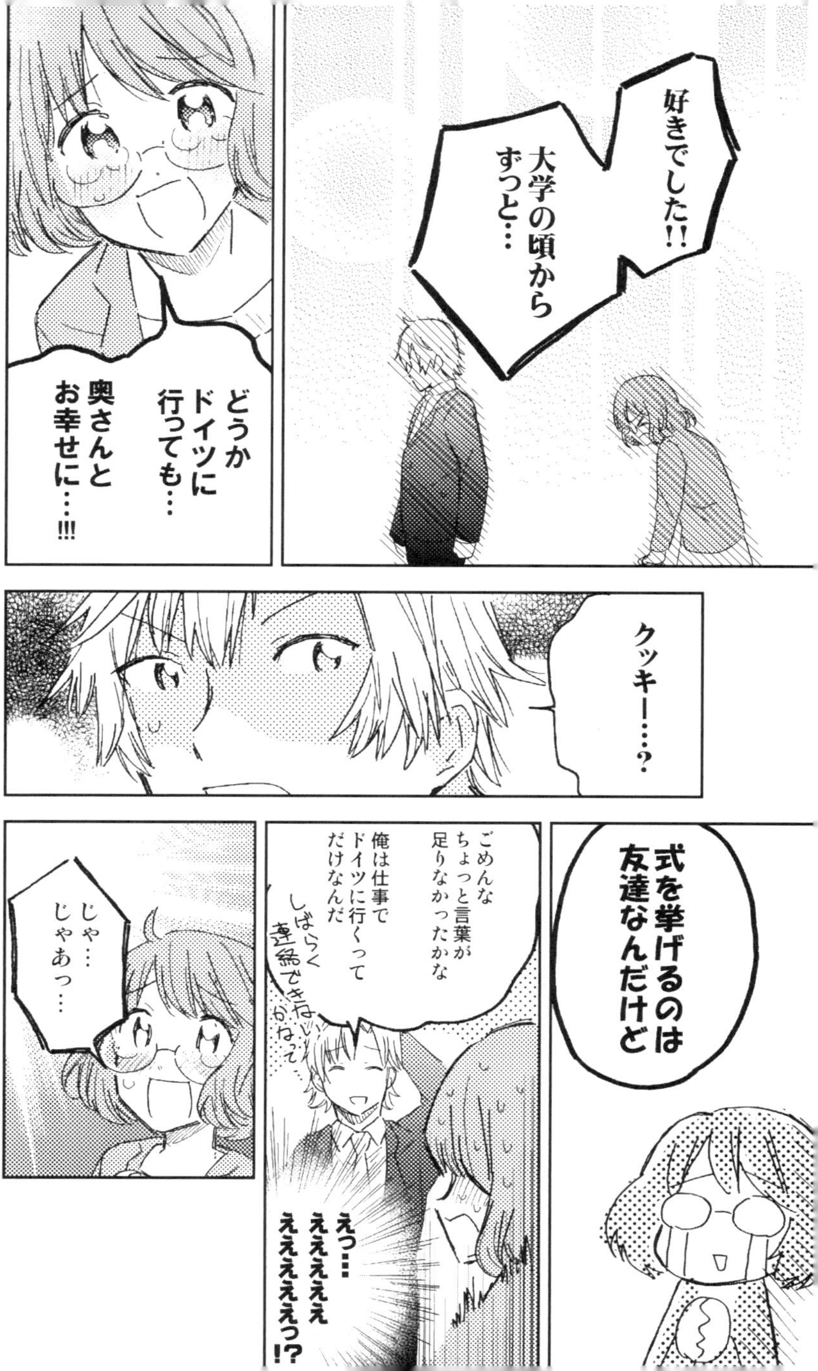

好きでした!!
大学の頃から ずっと…
どうか ドイツに 行っても… 奥さんと お幸せに…!!!
クッキー…?
式を挙げるのは 友達なんだけど
ごめんな ちょっと言葉が 足りなかったかな 俺は仕事で ドイツに行くって だけなんだ
しばらく 連絡できないかねって…
えっ… えええええ えええええっ!?
じゃ… じゃあっ…

そうだな…
かあっ
えっ……!!?
すっ…
くすっ
ほらね
こっちのほうがいい

眼鏡とるなら付き合ってやるよ
遠距離になっちゃうけどな
先輩…!!
ドイツから先輩も見える化してくださいね――っ♡
はいはい
●END●

あとがき

営業は戦略実行の最前線であり、顧客や競合を生で見ることのできる現場です。

その営業が見えなくていいはずがない。

これが私の信念であり、また、経営コンサルティングの一環として「営業の見える化」に長年取り組んでいる理由でもあります。

しかし、営業の現場は社外にあり、見ようと思っても簡単には見えないもの。

その上、営業マンは単独行動をとることが多く、その内容は覆い隠されることが少なくありません。

同じ「見える化」でも、社内にある製造現場の「見える化」と、社外で属人化してしまう「営業の見える化」は、似て非なるものなのです。

ただし、どちらも見えないことには改善できません。

「何か問題がある」「思うようにいかない」といったことがある時には、「見える化」が必要になるのです。

本書は、以前KADOKAWAから出版し、ご好評をいただいた単行本『営業の見える化』の内容をベースにして、まんがのストーリーに落とし込んだものです。

なぜ「営業の見える化」が必要で、どう進めていけばよいのか、そこからどういう成果を導き出したいのかを、まんがならではの手軽さで、わかりやすくお伝えできたのではないかと思います。

また、私にとって本書は、『まんがで身につく孫子の兵法』に続く、あさ出版でのビジネスコミック第二弾です。

最初は、「ビジネス書をまんが化するなんて……」と半信半疑でしたが、『まんがで身につく孫子の兵法』をたいへん多くの方にお読みいただいたことで、まんがのパワーを思い知りました。

今回も、前著と同じく久米礼華さんの作画で、さらに楽しく、さらにわかりやすくしていただきました。ありがとうございます。

読者のみなさまには、まんがを楽しみながら「営業の見える化」を学んでいただきたいと思います。

最後に、私がこうして営業現場で培った実践ノウハウをご紹介できるのも、これまでお世話になった多くのクライアント企業のご協力とご愛顧のおかげです。この場を借りて厚く御礼申し上げます。

本書が、お読みいただいたみなさまの営業力強化の一助となり、業績アップにつながることを祈っております。

お読みいただきありがとうございました。

二〇一六年七月　　長尾一洋

著 者

長尾一洋（ながお・かずひろ）

株式会社NIコンサルティング代表取締役／中小企業診断士
1965年生まれ。横浜市立大学商学部経営学科卒業。
経営コンサルティング会社に勤務したのち、1991年にNIコンサルティングを設立。
25年以上、日本企業の経営革新や営業力強化に取り組んできた。とくに強い営業部をめざし、「見える化」するためのITツール「Sales Force Assistant」を活用したコンサルティングには定評があり、現在4000社を超える企業で導入されている。
また、最古にして最強の兵法書『孫子』の智恵を、現代の企業経営や営業活動にどう応用すべきかを説く孫子兵法家としての顔も持つ。
本書のベースとなった『営業の見える化』（中経出版）や、ベストセラー『まんがで身につく 孫子の兵法』（あさ出版）、人気漫画とコラボした『「キングダム」で学ぶ乱世のリーダーシップ』（集英社）など、著書多数。

まんが

久米礼華（くめ・れいか）

まんが家。
これまでに、『週刊少年サンデー』努力賞、『月刊少年シリウス』（少年シリウス新人賞）奨励賞、『週刊少年マガジン』（マガジングランプリ）奨励賞、『月刊少年ガンガン』（ゴールデンルーキー杯）奨励賞など数々の賞を受賞。
さまざまな媒体にまんが・イラストを提供し、活躍している。
著書に『まんがで身につく 孫子の兵法』（あさ出版）がある。

Business ComicSeries まんがでできる 営業《えいぎょう》の見《み》える化《か》 〈検印省略〉

2016年 7月 9日 第1刷発行

著 者——長尾 一洋（ながお・かずひろ）
まんが——久米 礼華（くめ・れいか）
発行者——佐藤 和夫

発行所——株式会社あさ出版
〒171-0022 東京都豊島区南池袋2-9-9 第一池袋ホワイトビル 6F
電 話 03 (3983) 3225 (販売)
03 (3983) 3227 (編集)
F A X 03 (3983) 3226
U R L http://www.asa21.com/
E-mail info@asa21.com
振 替 00160-1-720619

印刷・製本 (株) 光邦

乱丁本・落丁本はお取替え致します。

facebook http://www.facebook.com/asapublishing
twitter http://twitter.com/asapublishing

ISBN978-4-86063-889-4 C2034